05/23

Für Acciso,

Ich wünsche dir viele
inspirierende Lesestunden.

Weisheiten

Geschenke fürs Leben …
www.lebensgeschenke-verlag.com

»Die Geschichte wird nicht mit Worten geschrieben, sondern mit Taten.«

(Jorge A. Livraga)

Markus Leyacker-Schatzl (Hg.)

Weisheiten

2. Auflage: 2010

Verlag: Lebensgeschenke-Verlag
Markus Leyacker-Schatzl, Graz
www.lebensgeschenke-verlag.com
Coverfoto: © Markus Leyacker-Schatzl (www.the-emotion-of-photography.com)
Foto des Autors: © www.foto-schmickl.at
Layout: Atelier Irene Brischnik, Grafik & Illustration, www.brischnik.at

Unser Verlagsprogramm finden Sie auch im Internet:
www.lebensgeschenke-verlag.com

ISBN 978-3-902689-05-4

Inhaltsverzeichnis

Vorwort »Warum...«   7

Danksagungen   9

Eine »Gebrauchsanweisung«   11

Weisheiten   13

Nachwort   271

Quellenverzeichnis   273

Warum ...

schon wieder ein Büchlein mit gesammelten Zitaten?
Gibt es nicht schon hunderte solcher Bücher?
Was soll an diesem Buch besonders sein?

Ich habe in den letzten zehn Jahren zahlreiche Sammlungen von Zitaten gesehen. Zitate – aus EINER Region (z.b. Indien), aus EI-NER Religion (z.b. Buddhismus), von EINEM Philosophen (z.b. Khalil Gibran), aus EINER Epoche, oder zu EINEM Thema (z.b. Liebe). Einerseits beinhalten solche Bücher dadurch zwischen den »Perlen« auch oft zahllose Gedanken mit weniger Kraft bzw. Geist. Andererseits fehlt das vergleichende Studium das übergreifend ALLE Regionen, Religionen, Philosophen, Epochen und Themen beinhaltet und die Gemeinsamkeiten zwischen ihnen sucht.

In einer Zeit, in der viele Glaubensrichtungen das Trennende suchen um sich Profil zu geben und sich elitär zu zeigen, ist dieses vergleichende Studium entscheidend für die Zukunft. Zu erkennen, dass große Meister aller Religionen und Philosophien zu allen Zeiten die gleichen Werte teilten und zu den großen Fragen und Herausforderungen der Menschheit gleiche bzw. sehr ähnliche Antworten gaben.

Wesentlich ähnlicher, als es heute jene Kräfte zugeben wollen, die sich als die einzigen Hüter der Wahrheit präsentieren wollen und die (politisch oder religiös) von einer Säkularisierung der Gesellschaft profitieren.

Deshalb ist diese Sammlung entstanden, die Weisheiten und Zitate ÜBERGREIFEND über Epochen, Religionen, Philosophen, Regionen und Themen beinhaltet.

So finden Sie in diesem Buch zu allen wichtigen Themen und Fragen des Lebens Antworten und Weisheiten aus China, Europa, Afrika, Indien, Amerika, Tibet,... von Philosophen und Weisen, die vor vielen Jahrhunderten lebten, ebenso wie von herausragenden Persönlichkeiten der Gegenwart.

Lassen Sie sich überraschen...

Ihr

Markus Leyacker-Schatzl

www.lebensgeschenke-verlag.com

Danksagungen

Mein besonderer Dank gilt all den wunderbaren Menschen, deren Weisheiten und Gedanken ich in den letzten 10 Jahren lesen und lernen durfte.

Ohne diese einzigartigen Persönlichkeiten, ihre Weisheit und Erfahrung wäre mein Leben nicht so reich und beschenkt.

Dieses Buch – diese Sammlung von Gedanken – wäre ohne sie nicht entstanden.

Mein persönlicher Dank gilt auch meiner Familie, meinen Freunden und all meinen Mandanten, die mein Leben begleiten und bereichern. Ich habe viel von jedem dieser wunderbaren Menschen gelernt und bin dankbar dafür, dass sie alle Teil meines Lebens sind.

Eine »kleine Gebrauchsanweisung«

Dieses Buch ist absichtlich nicht in einzelne Kategorien (z.B. Liebe, Tod,...) unterteilt, weil solche Kategorisierungen – die typisch für unser westliches Denken sind – uns oft in Sackgassen führen. Oft stecken in einer Weisheit mehrere Aspekte und lassen sich daher nicht nur in eine Kategorie stecken. Oder jemand der sich z.b. mit dem Thema »Tod« beschäftigt, würde durch ein Zitat über die Liebe in der konkreten Situation vielleicht mehr lernen.

Daher unterteilt dieses Buch nicht in einzelne Themengebiete.

Es gibt drei Vorgehensweisen für das Lesen dieses Buches:

1) Sie lesen es einfach rasch durch, halten bei einigen Stellen kurz inne und stellen das Buch sofort danach ins Regal.

2) Sie lesen jeden Tag nur einen Text bzw. Gedanken und lassen ihn dann einen Tag lang »wirken«, bis Sie den nächsten Gedanken lesen. Am besten immer zum gleichen Tageszeitpunkt. Z.B. immer morgens oder am Abend vor dem Schlafengehen. So kann sich jeder Text/Gedanke voll entfalten, Ihr Unterbewusstsein kann ihn verarbeiten und Ihr Leben bereichern. So wird dieses Buch zu einem ständigen Begleiter und Ratgeber Ihres Lebens.

3) Sie benutzen das Buch als »Orakel«.
    Wann immer Sie vor einer Herausforderung stehen oder eine Frage an das Leben oder zu einer Situation haben, schlagen Sie das Buch einfach nach dem Zufallsprinzip an einer beliebigen Stelle auf. Da es keine »Zufälle« im Leben gibt, werden Sie ge-

nau den Gedanken bzw. die Lebensweisheit finden, die Ihnen konkret in dieser Situation helfen wird.

Doch das wichtigste ist:

>**Die Geschichte wird nicht mit Worten geschrieben, sondern mit Taten.**«

(Jorge A. Livraga)

Also hat dieses Buch für Sie keinen Wert, wenn Sie diese Weisheiten nur lesen, anstatt nach Ihnen zu leben...

Weisheiten

Eines schönen Tages bat der Statthalter des Kaisers den großen Zen-Lehrer und Abt eines bedeutenden Klosters in Kyoto um eine Unterredung. Der Diener des Abtes gab dem Zen-Meister die Karte des Statthalters, auf der geschrieben stand: Zuda Tschikagaki, der Statthalter des Kaisers in Kyoto. Der Meister drehte und wendete die Karte, reichte sie dem Diener und entgegnete ihm: »Mit diesem Mann möchte ich nichts zu tun haben. Er soll gehen.« Betreten ging der Diener zu dem Statthalter, gab ihm die Karte mit tiefen Verbeugungen zurück und sagte, der Abt könne ihn leider nicht empfangen. Der Statthalter starrte auf die Karte, dann nahm er einen Stift und strich die Worte ›Statthalter des Kaisers in Kyoto‹ durch. Er reichte dem Diener die Karte erneut. Dieser ging zu seinem Lahrer und zeigte ihm sie. »Ah!«, rief da der Abt. »Draußen wartet Zuda Tschikagaki? Sage ihm, ich freue mich auf ein Gespräch mit ihm.«

(aus Paul J. Kohtes »Dein Job ist es, frei zu sein«,
J.Kamphausen Verlag)

Es war einmal ein Junge, der hatte einen schwierigen Charakter. Sein Vater gab ihm einen Sack voller Nägel und sagte ihm, er solle immer einen Nagel in den Gartenzaun schlagen, wenn er seine Geduld verliere oder mit jemandem gestritten habe.

Am ersten Tag schlug der Junge 37 Nägel in den Zaun. In den folgenden Wochen lernte er, sich besser zu kontrollieren, und die Anzahl der Nägel, die er in den Zaun schlug, reduzierte sich täglich. Der Junge lernte, dass es einfacher war, sich selbst unter Kontrolle zu halten, als ständig Nägel in den Zaun zu schlagen.

Dann kam der Tag, an dem der Junge keinen einzigen Nagel in den Gartenzaun schlug. Er ging zu seinem Vater und sagte ihm, dass er heute keinen Nagel in den Zaun gehämmert habe. Daraufhin erwiderte sein Vater, er solle nun immer einen Nagel aus dem Gartenzaun entfernen, wenn er es schaffte, seine Launen zu beherrschen und geduldig zu bleiben. Viele Tage verstrichen, doch dann konnte der Sohn dem Vater berichten, dass er alle Nägel aus dem Zaun entfernt hatte. Der Vater führte seinen Sohn zu dem Zaun und sagte:»Mein Sohn, das hast du gut gemacht, aber sieh mal, wie viele Löcher du hinterlassen hast. Der Zaun wird nie wieder wie vorher aussehen. Wenn du Streit mit jemandem hast und verletzende Worte sagst, wirst du in ihm immer Wunden, wie diese Löcher hier, zurücklassen.

Du kannst einen Menschen mit einem Messer verletzen, das Messer wieder herausziehen, aber du wirst immer eine Wunde hinterlassen. Es ist ohne Bedeutung, wie oft du dich dafür entschuldigst, die Wunde bleibt. Eine Wunde, die durch Worte verursacht wurde, schmerzt fast genauso schlimm wie eine physische Verletzung.

Freunde sind seltene Juwelen, sie bringen dich zum Lachen und unterstützen dich. Sie sind immer bereit, dir zuzuhören, wenn du es brauchst. Sie stehen immer hinter dir und öffnen dir ihr Herz. Zeige deinen Freunden, wie sehr du sie liebst.«

(unbekannt)

»Die Arbeit läuft nicht davon, während du dem Kind den Regenbogen zeigst, aber der Regenbogen wartet nicht, bis du mit deiner Arbeit fertig bist.«

(unbekannt)

»Jeder glaubt seine eigenen Lügen.«

(unbekannt)

»Viele Menschen gehen im Leben ein und aus; aber nur ein Freund hinterlässt Fußabdrücke.

Man vergisst schnell diejenigen, mit denen man gelacht hat, aber sicher nicht diejenigen, mit denen man geweint hat.«

(unbekannt)

»Wenn du lernst, einen Schritt zurückzugehen, machst du einen Schritt vorwärts; denn selbst, wenn du großen Reichtum dein Eigen nennst, hilft er dir nicht, dich glücklicher zu fühlen, solange du nicht fähig bist, ihn für Gutes einzusetzen.«

(Chao-Hsiu Chen)

»Es gibt keinen Weg zum Glück, Glücklichsein ist der Weg.«

(Buddha)

»Bisweilen werden wir gezwungen Wege einzuschlagen, die wir selbst hätten finden müssen.«

(Der Butler aus dem Film »Manhattan Love Story«)

»In den Wirren und dem Chaos der Welt fühlen wir uns verloren, zerrissen, isoliert. Dieses Gefühl der Zerbrechlichkeit, der Einsamkeit, ist eine Illusion. Lerne, die einzelnen Individuen als Funken eines einzigen Feuers zu betrachten.«

(Drukpa Rinpoche)

»Die meisten Dinge des Lebens sind ernste Dinge. Wir machen sie nicht lustiger, wenn wir sie ernst behandeln. Die einzigen Dinge, über die es lohnt ernst zu sprechen sind lustige Dinge.«

(Heinz Rühmann, Film »Dr. med. Hiob Prätorius«)

»Profit ist wie Sauerstoff – wir brauchen ihn zum Leben,
aber er ist nicht unser Lebenszweck!«

(Lance Secretan)

»Behalte deine Ängste für dich,
aber teile deine Inspiration mit anderen.«

(Robert Luis Stevenson)

»Als ein so genanntes ›zivilisiertes‹ Volk und als Mitglieder einer
Gesellschaft, die auf der Suche nach einem dauerhaften Frieden ist,
können wir nicht länger in unserer Abgestumpftheit hinsichtlich
unserer Verantwortung gegenüber der Natur verharren und nicht
unempfindlich bleiben gegen die eigenen Rechte der Tiere.«

(Nathaniel Altmann, geb. 1948, Schriftsteller)

»Um Träume zu erfüllen muss man erst aufwachen.«

(unbekannt)

»Leben ist Veränderung.
Für Wachstum musst du dich entscheiden. Wähle klug.«

(Karen Kaiser Clark)

»Man will nicht nur glücklich sein,
sondern glücklicher als die anderen.
Und das ist deshalb so schwer,
weil wir die anderen für glücklicher halten, als sie sind.«

(Charlie Chaplin)

»Die Erde ist deine Großmutter, sie ist heilig.
Du solltest sie achten, ihr für die Nahrung und das Glück des Lebens
danken. Siehst du keinen Grund zu danken, dann liegt der Fehler
in dir selbst.«

(Indianische Weisheit)

»Echtes Glück erwächst aus spirituellen Eigenschaften wie Liebe und
Mitgefühl, Geduld, Toleranz, Versöhnlichkeit, Demut und ähnlichen. Diese bewirken, dass wir und andere glücklich werden.«

(Dalai Lama)

»Wenn du Musik nicht lebst,
wird sie auch nicht aus deinem Instrument herauskommen.«

(Charlie Parker)

»Lebe, als müsstest du morgen sterben.
Aber lerne, als könntest du ewig leben.«

(Mahatma Gandhi)

»Dein Blick wird klar, wenn du in dein Herz schauen kannst.
Wer nach außen schaut, träumt.
Wer nach innen schaut, erwacht.«

(Carl Gustav Jung)

»Die Frage ist nicht, wann wir sterben werden,
sondern wie wir leben.«

(Joan Borysenko)

»Ob ein Mensch klug ist, kannst du an seinen Antworten erkennen.
Ob ein Mensch weise ist, erkennst du an seinen Fragen.«

(Nagib Machfus)

»Gesunder Menschenverstand ist die Sammlung von Vorurteilen,
die man bis zum 18. Geburtstag erworben hat.«

(Albert Einstein)

»Mit einem einfachen Test kannst du herausfinden, ob dein Auftrag
auf Erden schon erfüllt ist: Wenn du noch lebst, ist er es nicht.«

(Richard Bach)

»Ich habe in meinem Leben viele Probleme gehabt.
Die meisten sind nie eingetreten.«

(Mark Twain)

»Ein liebevoller Mensch lebt in einer liebevollen Welt. Ein feindseliger Mensch lebt ein einer feindseligen Welt. Jeder, den ihr trefft,
ist euer Spiegel.«

(Ken Keyes Jr.)

»Was wir sehen, hängt vor allem davon ab, was wir suchen.«

(Sir John Lubbock)

»Die erste Verantwortung einer Führungskraft ist, Wirklichkeit zu
beschreiben. Die letzte ist, danke zu sagen. Dazwischen ist der Führer
ein Diener.«

(Max De Pree)

»Ein Fisch sagte zu einem anderen Fisch:
›Jenseits dieses unseren Meeres gibt es ein weiteres
Meer, in dem Geschöpfe schwimmen – und sie leben darin gerade
so, wie wir hier leben‹.
Der andere Fisch entgegnete: ›Ach, Hirngespinste! Wo du doch
weißt, dass alles, was unser Meer auch nur um ein Zoll verlässt und
draußen bleibt, jämmerlich sterben muss. Was hast du für Beweise,
dass es in anderen Meeren anderes Leben gibt?‹«

(Khalil Gibran, »Der Traum des Propheten«)

»Die größte Stärke ist Sanftheit.«

(Sprichwort der Irokesen)

»Jeder intelligente Narr kann Dinge größer, komplizierter und
gewalttätiger machen. Das Gegenteil zu tun, erfordert eine Spur
Genie – und eine Menge Mut.«

(E.F. Schumacher)

»Sei hinter den Kunden her, nicht hinter der Konkurrenz.«

(Jeff Bezos, Gründer von amazon.com)

»Unsere wissenschaftliche Macht hat unsere spirituelle Kraft abge-
hängt. Wir können Raketen lenken, aber leiten Menschen in die
Irre.«

(Martin Luther King Jr.)

»Du denkst also, Geld sei die Wurzel allen Übels. Hast du dich je
gefragt, was die Wurzel allen Geldes ist?«

(Ayn Rand)

»Der Berufene sucht Dinge, die sich erzwingen lassen, nicht zu erzwingen. Darum bleibt er frei von Aufregung. Die Menschen der Masse suchen Dinge, die sich nicht erzwingen lassen, zu erzwingen. Darum sind sie fortwährend in Aufregung. Weil sie ihrer Aufregung freien Lauf lassen, so haben sie immer etwas zu machen und zu erstreben. Die Aufgeregtheit aber richtet auf die Dauer zu Grunde.«

(ZHUANGZI)

»Unternimm nie etwas, für das du nicht den Mut aufbrächtest, den Segen des Himmels zu erbitten.«

(G.C. Lichtenberg)

»Solange man sich selber nicht wertschätzt, wird man auch seine Zeit nicht wertschätzen. Solange man seine Zeit nicht wertschätzt, wird man nichts mit ihr anfangen.«

(M. Scott Peck)

»Wenn du keine äußere Anerkennung suchst oder brauchst, bist du am mächtigsten. Niemand kann dich emotional oder psychologisch entmachten. (…)
Man kann nicht für längere Zeit in der Polarität leben, sich selbst treu zu sein und die Anerkennung anderer zu brauchen.«

(Karoline Myss)

»Die Lektion ist einfach. Der Schüler ist kompliziert.«

(Barbara Rasp)

»Wer mit sich selbst nicht in Berührung kommt, kann auch andere nicht berühren.«

(Anne Morrow Lindbergh)

»Irgendwo wartet etwas Unglaubliches darauf, gewusst zu werden.«

(Carl Sagan)

»Sag mir, was du vorhast mit deinem einen kostbaren Leben?«

(Mary Oliver)

»Vergib den anderen die Fehler – voller Liebe.
Wäge deine Taten ab – mit Bedacht.
Vergib dir selbst die Fehler – mit Bedacht.
Wäge die Taten der anderen ab – voller Liebe.«

(Chao-Hsiu Chen)

»Halte an deinen Träumen fest; denn wenn Träume sterben,
ist das Leben wie ein Vogel mit gebrochenen Flügeln,
der nicht fliegen kann.«

(Langston Hughes)

»Ist das Leben nicht hundertmal zu kurz, um sich zu langweilen?«

(Nietzsche)

»Eines Tages, wenn wir die Winde, die Gezeiten und die Schwerkraft gemeistert haben, werden wir für Gott die Energien der Liebe nutzbar machen, und dann wird der Mensch ein zweites Mal in der Weltgeschichte das Feuer entdeckt haben.«
(Pierre Teilhard de Chardin)

»Such Dir einen Job, der dir gefällt,
und jede Woche hat fünf Tage mehr.«

(H. Jackson Brown Jr.)

»In jedem alten Menschen steckt ein junger Mensch,
der sich fragt, was passiert ist.«

(*Terry Pratchett*)

»Die meisten Menschen sind jemand anders.
Ihre Gedanken sind die Meinung anderer,
ihre Leben sind Anpassung.
Ihre Leidenschaften ein Zitat.«

(*Oscar Wilde*)

»Nutze die Talente, die du hast. Die Wälder wären still,
wenn kein Vogel sänge außer denen, die am besten singen.«

(*Henry Van Dyke*)

»Man sagt, dass die Zeit alle Dinge verändert.
Aber in Wirklichkeit musst du sie selbst verändern.«

(*Andy Warhol*)

»Ich weiß nicht, was Ihre Bestimmung sein wird, aber eines weiß ich:
Nur die unter uns werden wirklich glücklich sein, die herausgefunden haben, wie sie dienen können.«

(*Albert Schweitzer*)

»Die Welt ist das, wofür wir sie halten. Wenn wir unsere Gedanken
verändern können, können wir die Welt verändern.«

(*H.M. Tomlinson*)

»Gib den anderen die Möglichkeit zu lieben und zu existieren, denn
sie sind ebenso bedeutsam wie du selbst. Die anderen leuchten wie

die Sterne am Himmel. Jeder von ihnen ist eine einzigartige Sonne, ein uranfängliches Licht.«

(Drukpa Rinpoche)

»Wenn man einmal akzeptiert hat, dass die Welt Materie ist, die sich in ein Nichts, das etwas ist, hinein ausdehnt, dann kann man auch Streifen mit Karos zusammentragen.«

(Albert Einstein)

»Beim Gebet sprechen Sie mit Gott.
Bei der Meditation hören Sie auf Gott.«

(Yogi Amrit Desai)

»Die größte Entdeckung meiner Generation ist, dass ein Mensch sein Leben ändern kann, indem er seine Geisteshaltung ändert.«

(Wilhelm James)

»Jeder Mensch sollte sich bemühen, noch vor seinem Tod zu erkennen, vor was er davonläuft, wohin und warum.«

(James Thurber)

»Anderen Menschen zu dienen, ist die Miete, die wir für unseren Aufenthalt auf diesem Planeten zahlen.«

(Marian Wright Edelmann)

»Wer ein Führer sein will, wird frustriert sein, denn wenige Menschen wollen geführt werden. Wer danach strebt, ein Diener zu sein, wird niemals frustriert sein.«

(Frank F. Warren)

»Führe und inspiriere Menschen – versuche nicht, sie zu verwalten oder zu manipulieren. Lagerbestände kann man verwalten. Menschen muss man führen.«

(Ross Perot)

»Es gab einmal eine Zeit, da die Natur den Menschen stärkte, ihn lehrte, seine Wunden heilte und ihm Lebenskraft verlieh. Er war voller Mitgefühl und liebte die Erde wie seine Mutter. Er wusste, dass ein der Natur entfremdetes Menschenherz verdorrt und hart wird. Diese Zeit ist nicht verschwunden, sie liegt noch in dir, ist unzerstörbar. Es genügt, deine Sicht der Dinge zu ändern, den Lärm der Welt zum Schweigen zu bringen und die Sprache des Herzens wiederzuentdecken.«

(Indianische Weisheit)

»Von jetzt an behandle jeden, dem Du begegnest, so, als müsse er noch heute sterben. Gib ihm alles an Fürsorge, Freundlichkeit und Verständnis, was Du aufbringen kannst, und tu es ohne einen Gedanken an Belohnung. Dein Leben wird nicht mehr dasselbe sein.«

(Og Mandino)

»Das Wichtigste an Kommunikation ist, zu hören,
was nicht gesagt wurde.«

(Peter F. Drucker)

»Es war unmöglich, ein Gespräch zu beginnen,
alle redeten zuviel.«

(Yogi Berra)

»Es gibt zwei Arten wie du leben kannst.
Entweder so, als sei nichts ein Wunder.
Oder so, als sei alles ein Wunder.«

(Albert Einstein)

»Vorbild zu sein, ist nicht das Wichtigste, wenn wir Einfluss auf andere nehmen wollen. Es ist das Einzige.«

(Albert Einstein)

»Die Fähigkeit, Anteil zu nehmen, ist das, was dem Leben tiefsten Sinn und tiefste Bedeutung gibt.«

(Pablo Casals)

»Dem, der bei kleinen Dingen sorglos mit der Wahrheit umgeht, kann man die wichtigen Dinge nicht anvertrauen.«

(Albert Einstein)

»Einfachheit ist die höchste Verfeinerung.«

(Leonardo da Vinci)

»Es gibt mehr Hunger nach Liebe und Wertschätzung in dieser Welt als nach Brot.«

(Mutter Theresa)

»Der intuitive Geist ist ein heiliges Geschenk, und der rationale Geist ist ein treuer Diener. Wir haben eine Gesellschaft geschaffen, die den Diener ehrt und das Geschenk vergisst.«

(Albert Einstein)

»Säe gute Dienste, dann wachsen süße Erinnerungen.«

(Madame de Stael)

»Weine nicht, lass dich nicht kränken. Verstehe.«

(Baruch Spinoza)

»Gewalt ist die erste Zuflucht der Inkompetenten.«

(Isaac Asimov)

»Das ist alles, was ein Mensch erhoffen kann – ein Vorbild zu sein in seinem Leben und, wenn er tot ist, eine Inspiration für die Geschichte.«

(William McKinley)

»Ich habe gelernt, dass der Neuling oft Dinge sieht, die dem Experten entgehen. Wir müssen nur die Angst davor ablegen, Fehler zu machen oder naiv zu erscheinen.«

(Abraham Maslow)

»Wir können nichts verändern,
wenn wir es nicht erst akzeptieren.«

(Carl Gustav Jung)

»Die Welt ist rund, und was wie das Ende aussehen mag,
ist vielleicht erst der Anfang.«

(Ivy Baker Priest)

»Die größte Offenbarung ist die Stille.«

(Laotse)

»Sofern wir in die Natur eingreifen, haben wir strengstens auf die Wiederherstellung ihres Gleichgewichtes zu achten.«

(Heraklit)

»Die Natur ist ein Brief Gottes an die Menschheit.«

(Platon)

»Die Gelassenen drücken sich nicht vor dem Leben.
Sie können weiter sehen, intensiver lieben
und sich der Dinge erfreuen,
die der ungebändigte Geist nicht mehr sieht oder hört.«

(Pam Brown)

»Ein Mensch muss nicht immer nur arbeiten.
Es gibt auch so was wie eine heilige Untätigkeit,
deren Ausübung heutzutage ängstlich vermieden wird.«

(George McDonald)

»Wenn Du einen vollkommen nutzlosen Nachmittag
auf eine vollkommen nutzlose Art verbringen kannst,
hast Du gelernt zu leben.«

(Lin Yutang)

»Glück ist wie ein Schmetterling, der, wenn er verfolgt wird,
immer außerhalb Deiner Reichweite ist,
der sich aber auch, wenn Du ganz ruhig dasitzt,
auf Dir niederlassen wird.«

(Nathaniel Hawthorne)

»Es gibt vielleicht kein anderes Gefühl, das so schön ist wie das, wenn man im Schatten der heißen Sonne unter einem Baum auf frischem Gras oder Heu schlummert und die frische, klare Luft durch die weite Atmosphäre strömt und sich der Himmel über Dir nach allen Seiten wölbt.«

(Leigh Hunt)

»Wenn ich mich manchmal hinsetze und über die verschiedenen Gemütsbewegungen der Menschen nachdenke, und über die Schwierigkeiten und Gefahren, denen sie sich selbst aussetzen, … erkenne ich, dass all ihr Unglück von einer einzigen Sache kommt, nämlich, dass sie nicht wissen, wie sie mit sich allein in einem Raum leben können.«

(Blaise Pascal)

»Die Armen sehnen sich nach Reichtum und die Reichen nach dem Himmel, aber die Weisen sehnen sich nach einem Zustand der Ruhe.«

(Swami Rama)

»Im Grunde haben wir nur eine moralische Pflicht: großen Frieden in uns selbst zurück zu gewinnen, mehr und mehr Frieden und das anderen gegenüber zu zeigen. Je mehr Friede in uns ist, desto mehr Frieden wird in unserer geplagten Welt sein.«

(Etty Hillesum)

»Und so werde ich, während andere sich selbst zu unstillbarer Jagd nach Ehrgeiz und kurzer Macht verpflichten, im Schatten liegen und singen.«

(Fray Luis de Leon)

»Weisheit ist keine Medizin zum Herunterschlucken.«

(Kongo)

»Die Natur macht nichts vergeblich.«

(Aristoteles)

»Es gibt Menschen, denen du nie begegnen wirst.
Aber es gibt Fragen, denen du dich nicht entziehen kannst.
Es gibt Menschen, denen du nie begegnen wirst.
Aber es gibt Antworten, denen du dich nicht entziehen kannst.«

(Chao-Hsiu Chen)

»Dank sei der gepriesenen Walterin Natur,
dass sie das Notwendige leicht erreichbar schuf,
das Schwererreichbare aber als nicht notwendig.«

(Epikur)

»Tiere und kleine Kinder sind der Spiegel der Natur.«

(Epikur)

»Das Universum ist vollkommen. Es kann nicht verbessert werden.
Wer es verändern will, verdirbt es. Wer es besitzen will, verliert es.«

(Laotse)

»Unmittelbares Interesse an der Schönheit der Natur zu nehmen,
ist jederzeit ein Kennzeichen einer guten Seele.«

(Immanuel Kant)

»Der Tagesanbruch ist ein heiliges Ereignis, und damit wird jeder Tag heilig. Du musst nicht einen Tag unter den sieben der Woche herausheben, indem du ihn zu einem heiligen Tag erklärst, denn alle Tage sind Tage Gottes.«

(Indianische Weisheit)

»Wer die Natur nicht durch die Liebe kennen lernt,
der wird sie nie kennen lernen.«

(Friedrich v. Schlegel)

»Es ist nicht genug, dass man verstehe, der Natur Daumenschrauben anzulegen, man muss sie auch verstehen können, wenn sie aussagt.«

(Arthur Schopenhauer)

»Die Natur kennt keinen Kampf ums Dasein, sondern nur den aus der Fürsorge für das Leben. Was ein Tier das andre jagen und töten lässt, ist das Bedürfnis des Hungers, nicht Erwerbssinn, Ehrgeiz, Machtgelüste.«

(Ludwig Klages)

»Von Natur aus sind die Menschen fast gleich,
erst ihre Gewohnheiten entfernen sie voneinander.«

(Konfuzius)

»Wie viel klüger ist doch das Tier als der Mensch: wenn dieses etwas bedarf, weiß es, wie viel es bedarf; der Mensch aber, der etwas bedarf, erkennt das nicht.«

(Demokrit)

»Der Mensch sieht sein Spiegelbild nicht im fließenden Wasser. Der Mensch sieht sein Spiegelbild im stillen Wasser.«

(Chuangtse)

»Wem genug zu wenig ist, dem ist nichts genug.«

(Epikur)

»Oft ist der Mensch selbst sein größter Feind.«

(Marcus Tullius Cicero)

»Von den Menschen lernen wir reden, von den Göttern schweigen.«

(Plutarch)

»Der Mensch ist ein Seil, geknüpft zwischen Tier und Übermensch – ein Seil über dem Abgrunde.«

(Friedrich Nietzsche)

»Den Menschen als Doppelwesen aus Gott und Tier zu beschreiben ist nicht sehr fair gegenüber den Tieren. Eher ist er ein Doppelwesen aus Gott und Teufel.«

(Bertrand Russell)

»Die Einbildung tröstet die Menschen über das, was sie nicht sein können, und der Humor tröstet sie darüber hinweg, was sie wirklich sind.«

(Albert Camus)

»Der Weise strebt nach der Wahrheit. Wer sich aber schämt für arme Kleidung und arme Nahrung, der ist noch nicht weise.«

(Konfuzius)

»Ein weiser Mann scheut das Bereuen.
Er überlegt seine Handlung vorher.«

(Epicharm)

»Ehrenwert ist der Mann, der selbst kein Unrecht tut, und doppelter und dreifacher Ehre wert, wenn er auch nicht geschehen lässt, dass andere Unrecht tun.«

(Platon)

»Ein großer Mensch ist der,
der sein Kinderherz nicht verloren hat.«

(Mengtse)

»Im Leben ohne Rang, im Tode ohne Titel, nicht sammelnd irdische Güter, nicht sammelnd irdischen Ruhm: So sind die ganz Großen.«

(Chuangtse)

»Also ist der Weise: Er umfasst das Eine und ist Vorbild für die Welt. Er stellt nicht den Schein über das Selbst und wird deshalb erleuchtet. Er will nichts sein und ist deshalb anerkannt. Er prahlt nicht, und ihm wird deshalb vertraut. Er ist nicht stolz auf sich und wird deshalb geschätzt. Er streitet nicht, und deshalb streitet keiner mit ihm.«

(Laotse)

»Auf die Absicht aller Dinge,
nicht auf den Erfolg blickt der Weise.«

(L. Annaeus Seneca)

»Niemand aber ist weise, wenn er nicht glücklich ist.«

(Aurelius Augustinus)

»Die Menschen aber, die ihren eigenen Weg zu gehen fähig sind, sind selten. Die große Zahl will nur in der Herde gehen, und sie weigert die Anerkennung denen, die ihre eigenen Wege gehen wollen.«

(Blaise Pascal)

»Um erfolgreich zu sein brauchen wir großes Vertrauen in die anderen. Allein gelingt uns nichts. Die anderen sind die tausend Arme, die helfen, das Leben jedes einzelnen zu bauen.
Auf diese Weise funktioniert das Universum, von der kleinsten lebendigen Zelle bis hin zu den entferntesten Galaxien. Lerne, das Universum als ein Netzwerk guten Willens zu begreifen.«

(Drukpa Rinpoche)

»Die Größe eines Menschen darf man nicht nach seinen außergewöhnlichen Bemühungen, sondern nach seinem alltäglichen Benehmen bemessen.«

(Blaise Pascal)

»Jene, die glücklich machen, sind die wahren Sieger.«

(Voltaire)

»Der Wunsch des Mittelmäßigen ist es,
niemanden über sich zu haben.«

(Claude Adrien Helvètius)

»Das Talent gleicht dem Schützen, der ein Ziel trifft,
welches die übrigen nicht erreichen können,
das Genie dem, der eins trifft,
bis zu welchem sie nicht einmal zu sehen vermögen.«

(Arthur Schopenhauer)

»Das Gift, an dem die schwächere Natur zu Grunde geht,
ist für den Starken Stärkung und er nennt es auch nicht Gift.«

(Friedrich Nietzsche)

»Es gibt viele Grausame, die nur zu feige zur Grausamkeit sind.«

(Friedrich Nietzsche)

»Es ist ein Jammer, dass die Dummköpfe so selbstsicher sind
und die Klugen so voller Zweifel.«

(Bertrand Russell)

»Wer die Dummköpfe gegen sich hat, verdient Vertrauen.«

(Jean-Paul Sartre)

»Eine Verbeugung, die nicht aus dem Herzen stammt,
hat nichts mit Höflichkeit zu tun.«

(Chao-Hsiu Chen)

»Das Bedürfnis, Recht zu haben, ist das Kennzeichen eines gewöhnlichen Geistes.«

(Albert Camus)

»Nach der Umgebung, in der man den größten Teil des Tages zubringt, richtet sich notwendig auch die Entwicklung des eigenen Charakters.«

(Antiphon)

»Beim Spiel kann man einen Menschen in einer Stunde besser kennen lernen als im Gespräch in einem Jahr.«

(Platon)

»Die Menschen sind alle so geartet, dass sie lieber eine Lüge als eine Absage hören wollen.«

(Marcus Tullius Cicero)

»Wer wenig bedarf, der kommt nicht in die Lage,
auf vieles verzichten zu müssen.«

(Plutarch)

»So mancher wurde von der Welt bewundert, an dem seine Frau und sein Diener nichts Bewundernswertes fanden.«

(Michel Montaigne)

»Die Empfindlichkeit des Menschen für die kleinen Dinge und seine Gleichgültigkeit für die großen zeugen von einer seltsamen Verkehrtheit.«

(Blaise Pascal)

»Wer errötet, fühlt sich schon schuldig,
die wahre Unschuld schämt sich nicht.«

(Jean Jacques Rousseau)

»Was nun andererseits die Menschen gesellig macht,
ist ihre Unfähigkeit, die Einsamkeit,
und in dieser sich selbst, zu ertragen.«

(Arthur Schopenhauer)

»So wie der Gärtner durch strenges Beschneiden den Saft des Baumes
in einen oder zwei starke Zweige zwingt, so solltest du deine vielfältigen Aktivitäten einstellen und deine Kraft auf einen oder wenige
Punkte konzentrieren.«

(Ralph Waldo Emerson)

»Wer davon lebt, einen Feind zu bekämpfen, hat ein Interesse daran,
dass er am Leben bleibt.«

(Friedrich Nietzsche)

»Kein Mensch behandelt sein Auto so dumm wie einen anderen
Menschen.«

(Bertrand Russell)

»Die meisten großen Taten, die meisten großen Gedanken haben
einen belächelnswerten Anfang.«

(Albert Camus)

»Ist der Mensch mäßig und genügsam, so ist auch das Alter keine
Last, ist er es nicht, so ist auch die Jugend voller Beschwerden.«

(Platon)

»Die Jugend ist die Zeit, Weisheit zu lernen.
Das Alter ist die Zeit, sie auszuüben.«

(Jean Jacques Rousseau)

»Im Alter gibt es keinen schöneren Trost, als dass man die ganze Kraft
seiner Jugend Werken einverleibt hat, die nicht mitaltern.«

(Arthur Schopenhauer)

»Vom Standpunkte der Jugend aus gesehen, ist das Leben eine unendlich lange Zukunft, vom Standpunkte des Alters aus eine sehr
kurze Vergangenheit.«

(Arthur Schopenhauer)

»Man soll sich mehr um die Seele als um den Körper kümmern; denn
Vollkommenheit der Seele richtet die Schwächen des Körpers auf,
aber geistlose Kraft des Körpers macht die Seele nicht besser.«

(Demokrit)

»Wer den Frieden der Seele hat,
beunruhigt weder sich selbst noch einen anderen.«

(Epikur)

»Die unbequemste Art der Fortbewegung ist das Insichgehen.«

(Karl Rahner)

»Wer keinen Charakter hat,
muss sich wohl oder übel eine Methode zulegen.«

(Albert Camus)

»Halte dein Herz rein, dann wird auch dein Körper rein sein.«

(Epicharm)

»Mehr als nötig leidet, wer leidet, bevor es nötig ist.«

(L. Annaeus Seneca)

»Das Wetter und meine Laune haben wenig miteinander zu tun.
Ich trage meinen Nebel und Sonnenschein in meinem Inneren.«

(Blaise Pascal)

»Hass ist Sache des Herzens; Verachtung des Kopfes.«

(Arthur Schopenhauer)

»Die Liebe allein versteht das Geheimnis, andere zu beschenken und
dabei selbst reich zu werden.«

(Aurelius Augustinus)

»Liebe ist die Fähigkeit,
Ähnliches an Unähnlichem wahrzunehmen.«

(Thomas v. Aquin)

»Die Liebe geht darauf aus, aus zweien eins zu machen, die Freundschaft darauf, aus jedem zwei zu machen.«

(Friedrich Ernst Schleiermacher)

»Das Verlangen nach Gegenliebe ist nicht das Verlangen der Liebe,
sondern der Eitelkeit.«

(Friedrich Nietzsche)

»Es ist kein Übel ärger als begehren, kein Unheil böser als sich nicht begnügen, kein Fehler größer als erwerben wollen.«

(Laotse)

»Züchtige deine Leidenschaften,
damit du nicht von ihnen gezüchtigt wirst.«

(Epiktet)

»Wir sind uns aller unserer Wünsche bewusst, wir sind uns aber nicht der Motive unserer Wünsche bewusst.«

(Benedictus Spinoza)

»Wer wenig begehrt, hängt von wenigem ab.«

(Jean Jacques Rousseau)

»Zu glauben, die Welt und die Materie seien unbelebt, ist eine Sinnestäuschung. Wir sind derart in uns selbst eingekapselt, derart in unsere Gewohnheiten verstrickt, dass wir nicht mehr sehen können. Das gesamte Universum ist von Geistern durchsetzt, die handeln können und untereinander durch ein Phänomen kosmischer Resonanz verbunden sind. Wir selbst sind es, die sich isoliert, getrennt glauben. Das Universum fühlt sich nicht getrennt. Es IST.«

(Indianische Weisheit)

»In dem Maße, als die Genüsse zunehmen,
nimmt die Empfänglichkeit für sie ab:
das Gewohnte wird nicht mehr als Genuss empfunden.«

(Arthur Schopenhauer)

»Die meisten (Menschen) jagen so sehr dem Genusse nach,
dass sie an ihm vorbeilaufen.«

(Sören Kierkegaard)

»Es ist leichter, einer Begierde ganz zu entsagen,
als in ihr Maß zu halten.«

(Friedrich Nietzsche)

»Wer Geist hat, hat sicher auch das rechte Wort,
aber wer Worte hat, hat darum noch nicht notwendig Geist.«

(Konfuzius)

»Ein größerer Umfang des Gedächtnisses verleiht keineswegs seinem
Geist einen größeren Umfang.«

(Claude Adrien Helvètius)

»Aus den Leidenschaften werden Meinungen,
die Trägheit des Geistes lässt diese zu Überzeugungen erstarren.«

(Friedrich Nietzsche)

»Die ›Intelligenz‹ erscheint als eine besondere Form
der Unvernunft.«

(Friedrich Nietzsche)

»Für einen Menschen ohne Scheuklappen gibt es kein schöneres
Schauspiel als die Intelligenz im Kampf mit einer ihr überlegenen
Wirklichkeit. Das Schauspiel des menschlichen Stolzes ist unver-
gleichlich.«

(Albert Camus)

»Die Welt darf nicht auf den menschlichen Verstand reduziert werden; unser Verstand muss sich erweitern, bis er die Welt begreift.«

(Francis Bacon)

»Du glaubst, das Glück sei flüchtig und von den Angriffen des täglichen Lebens bedroht. Sobald du Freude erfährst, stellt sich sehr bald auch eine innere Unruhe ein und das Gefühl der Kurzlebigkeit aller Dinge. Halte dich nicht damit auf zu messen, was dir geschenkt ist. Begnüge dich damit, jeden Augenblick so zu leben, als ginge er nie zu Ende.«

(Drukpa Rinpoche)

»Der letzte Schritt der Vernunft ist die Erkenntnis, dass es eine Unendlichkeit von Dingen gibt, die sie übersteigen. Sie ist schwach, wenn sie nicht bis zu dieser Erkenntnis vordringt.«

(Blaise Pascal)

»Vorurteile sind die Vernunft der Narren.«

(Voltaire)

»Der Glaube an Vorurteile gilt in der Welt als gesunder Menschenverstand.«

(Claude Adrien Helvètius)

»Vorurteil: ein Grundsatz aus subjektiven Ursachen der Sinnlichkeit, welche fälschlicherweise für objektive Gründe des Verstandes gehalten werden.«

(Immanuel Kant)

»Gesunder Menschenverstand: die Denkweise einer Zeit, in der alle Vorurteile dieser Zeit enthalten sind.«

(G. W. Friedrich Hegel)

»Natürlicher Verstand kann fast jeden Grad von Bildung ersetzen, aber keine Bildung den natürlichen Verstand.«

(Arthur Schopenhauer)

»Schlichtheit ist niemals banal oder langweilig. Ihr Reichtum ist unendlich. Sie bietet immer wieder ganz Neues für denjenigen, der die Welt mit neuen Augen anschaut.«

(Indianische Weisheit)

»Der gesunde Menschenverstand ist oft eine der ungesündesten Verständnislosigkeiten.«

(Ludwig Marcuse)

»Verstand dient der Wahrnehmung der eigenen Interessen. Vernunft ist Wahrnehmung des Gesamtinteresses.«

(Carl Friedrich v. Weizsäcker)

»Der Tag könnte kommen, an dem die übrigen Kreaturen jene Rechte erlangen werden, die man ihnen nur mit tyrannischer Hand vorenthalten konnte. Die Franzosen haben bereits entdeckt, dass die Schwärze der Haut kein Grund dafür ist, jemanden schutzlos der Laune eines Peinigers auszuliefern. Es mag der Tag kommen, da man erkennt, dass die Zahl der Beine, der Haarwuchs oder das Ende des os sacrum gleichermaßen unzureichende Gründe sind, ein fühlendes Wesen demselben Schicksal zu überlassen. Was sonst ist es, das hier die unüberwindbare Trennlinie ziehen sollte? Ist es die Fähigkeit zu denken, oder vielleicht die Fähigkeit zu sprechen? Aber ein ausgewachsenes Pferd oder ein Hund sind unvergleichlich vernünftigere Lebewesen als ein Kind, das erst einen Tag, eine Woche oder selbst einen Monat alt ist. Aber selbst vorausgesetzt, sie wären anders, was würde es nützen? Die Frage ist nicht: Können sie denken? Oder könne sie sprechen? Sondern: Können sie leiden?«

(Jeremy Bentham (1748 – 1832)
Englischer Jurist und Philosoph)

»Viel Denken, nicht viel Wissen ist zu pflegen.«

(Demokrit)

»Denken: das Selbstgespräch der Seele.«

(Platon)

»Wer das Ende bedenkt, wie er den Anfang bedachte, der wird nichts verderben.«

(Laotse)

»Die Menschen sollten nicht so viel nachdenken, was sie tun sollen; sie sollen vielmehr bedenken, was sie sind.«

(Meister Eckart)

»Das Denken macht die Größe des Menschen aus.«

(Blaise Pascal)

»Was unser Denken begreifen kann, ist kaum ein Punkt, fast gar nichts im Verhältnis zu dem, was es nicht begreifen kann.«

(John Locke)

»Die Erde hat genug für die Bedürfnisse eines jeden Menschen,
aber nicht für seine Gier.«

(Mahatma Gandhi)

»Das außergewöhnliche Gedächtnis bringt die Gelehrten,
das tiefe Nachdenken die Genies hervor.«

(Claude Adrien Helvètius)

»Nichts ist schwerer, als bedeutende Gedanken so auszudrücken,
dass jeder sie verstehen muss.«

(Arthur Schopenhauer)

»Probleme zu lösen bedarf der Ruhe.
Bist du in Eile, hast du genügend mit dir selbst zu tun.
Wie willst du da noch die Probleme lösen?«

(Chao-Hsiu Chen)

»Meditieren: Nachdenken ohne methodisches Denken.«

(Arthur Schopenhauer)

»Wer scharf denkt, wird Pessimist. Wer tief denkt, wird Optimist.«

(Henri Bergson)

»Manche Menschen würden eher sterben als nachdenken.
Und sie tun es auch.«

(Bertrand Russell)

»Wir können das Denken frei nennen, wenn es dem freien Wettbewerb der verschiedenen Überzeugungen ausgesetzt ist, das heißt, wenn jede Überzeugung ihren Standpunkt vertreten kann und keine rechtlichen oder finanziellen Vor- oder Nachteile mit einer Überzeugung verbunden sind.«

(Bertrand Russell)

»Auch im Denken gibt es eine Zeit des Pflügens und eine Zeit der Ernte.«

(Ludwig Wittgenstein)

»Das Bleibende im Denken ist der Weg. Und Denkwege bergen in sich das Geheimnisvolle, dass wir sie vorwärts und rückwärts gehen können, dass sogar der Weg zurück uns erst vorwärts führt.«

(Martin Heidegger)

»Die größte Ersparnis, die sich im Bereich des Denkens erzielen lässt, besteht darin, die Nicht-Verstehbarkeit der Welt hinzunehmen und sich um die Menschen zu kümmern.«

(Albert Camus)

»Viele (Menschen) staunen, wenige erkennen.«

(Heraklit)

»Lieber eine einzige Ursache verstehen als König von Persien sein.«

(Demokrit)

»Die Sache haben sie (die Menschen) gesehen, aber nicht die Ursache.«

(*Aurelius Augustinus*)

»Der einzige Grund, warum viele meinen, die Existenz Gottes und das Wesen der Seele seien schwer zu erkennen, liegt darin, dass sie ihren Geist niemals von den Sinnen ablenken und über die Körperwelt erheben.«

(*René Descartes*)

»Was unbegreiflich ist, ist darum nicht weniger wirklich.«

(*Blaise Pascal*)

»Je mehr Einsicht man hat, desto mehr Größe und Niedrigkeit entdeckt man im Menschen.«

(*Blaise Pascal*)

»Der eigene Vorteil verfälscht das Urteil vollständig.«

(*Arthur Schopenhauer*)

»Weltanschauung ist nicht selten Mangel an Anschauung.«

(*Ludwig Marcuse*)

»Niemand ist weiter von der Wahrheit entfernt als der, der alle Antworten weiß.«

(*Chuangtse*)

»Die Wahrheit kommt mit wenigen Worten aus.«

(*Laotse*)

»Das Mehrheitsprinzip ist kein Beweis für die Wahrheit.«

(L. Annaeus Seneca)

»Lieber mit der Wahrheit fallen als mit der Lüge siegen.«

(Aurelius Augustinus)

»Wir sind dazu geschaffen, die Wahrheit zu suchen;
sie zu besitzen ist das Vorrecht einer höheren Macht.«

(Michel Montaigne)

»Nichts gibt Sicherheit außer der Wahrheit. Nichts gibt Ruhe als das
ehrliche Suchen nach der Wahrheit.«

(Blaise Pascal)

»Was nennt Ihr Wahrheit? Die Täuschung, die Jahrhunderte alt
geworden. Was Täuschung? Die Wahrheit, die nur eine Minute
gelebt.«

(Benedictus Spinoza)

»In vollen Zügen trinken wir die schmeichelnde Lüge, aber nur
tropfenweise schlucken wir die bittere Wahrheit hinunter.«

(Denis Diderot)

»Wir sind verantwortlich für unsere Handlungen, für unser Benehmen. Wir ernten, was wir säen. Das ist das große karmische Gesetz
von Ursache und Wirkung. Zwei Gründe sollten uns antreiben, das
Glück zu suchen: der Wunsch, unser gegenwärtiges Leben zu verbessern, und der, eine glückliche Wiedergeburt in einem künftigen
Leben zu erlangen.«.

(Drukpa Rinpoche)

»Für die Wahrheit bildet die Gewohnheit der Menschen einen kaum besiegbaren Feind.«

(Claude Henri Saint-Simon)

»So empfänglich und gleichgültig die Leute gegen allgemeine Wahrheiten sind, so erpicht sind sie auf individuelle.«

(Arthur Schopenhauer)

»Was sind denn zuletzt die Wahrheiten des Menschen?
Es sind die unwiderlegbaren Irrtümer des Menschen.«

(Friedrich Nietzsche)

»Überzeugungen sind gefährlichere Feinde der Wahrheit als Lügen.«

(Friedrich Nietzsche)

»Wahrheit: die Art von Irrtum, ohne welche eine bestimmte Art von lebendigen Wesen nicht leben könnte.«

(Friedrich Nietzsche)

»Die Unwahrheit ist oft nicht in dem, was man sagt,
sondern in dem, was man nicht sagt.«

(Ludwig Marcuse)

»Die Wahrheit, wie das Licht, blendet.
Die Lüge dagegen ist ein schöner Sonnenuntergang,
der alle Dinge verschönert.«

(Albert Camus)

»Der Wissende ist längst nicht so weit wie der Lernende.
Der Lernende ist längst nicht so weit wie der Erkennende.«

(Konfuzius)

»Wer durch seine Tüchtigkeit die Menschen dahin bringen will, ihn anzuerkennen, dem wird es nicht gelingen. Wer aber durch seine Tüchtigkeit den Menschen Gutes zukommen lässt, der erst wird die Welt dahin bringen, ihn anzuerkennen. Wen die Welt nicht im innersten Herzen anerkennt, dem wird es nie gelingen, König der Welt zu werden.«

(MENGZI, Chinesische Weisheit)

»Vielwisserei bringt noch keinen Verstand.«

(Heraklit)

»Ich weiß, dass ich nichts weiß.«

(Sokrates)

»Hast du deine Meinung schon durch die drei Siebe gegossen: jenes der Wahrheit, jenes der Güte, jenes der Notwendigkeit?«

(Sokrates)

»Es ist keine Schande, nichts zu wissen, wohl aber, nichts lernen zu wollen.«

(Platon)

»Die einzig wahre Weisheit liegt darin, nicht zu glauben, dass man weiß, was man nicht weiß.«

(Marcus Tullius Cicero)

»Es kommt nicht darauf an, dass du viele,
sondern nur, dass du gute Bücher hast.«

(L. Annaeus Seneca)

»Es mag sein, dass wir durch das Wissen anderer gelehrter werden.
Weiser werden wir nur durch uns selbst.«

(Michel Montaigne)

»Das Argument gleicht dem Schuss einer Armbrust – es ist gleichermaßen wirksam, ob ein Riese oder ein Zwerg geschossen hat.«

(Francis Bacon)

»An den Scheidewegen des Lebens stehen keine Wegweiser.«

(Charles Chaplin)

»Alle Wesen sehnen sich nach Glücklichsein,
darum umfange mit deiner Liebe alle Wesen!«

(Buddha)

»Der Mensch macht gewöhnlich drei Reifestufen durch. Zuerst lernt
er die richtigen Antworten. Im zweiten Stadium lernt er die richtigen
Fragen, und auf der dritten und letzten Stufe lernt .   elche Fragen
sich überhaupt lohnen.«

(Blaise Pascal)

»Die Leichtgläubigkeit ist bei den Menschen zum Teil eine Wirkung
ihrer Bequemlichkeit.«

(Claude Adrien Helvètius)

»Trägst du Verantwortung und gehst leichtfertig mit ihr um,
erntest du nur Beschwerden,
auch wenn du dich später ihres Ernstes besinnst.
Trägst du Verantwortung und gehst ernsthaft mit ihr um,
erntest du Dankbarkeit, auch wenn du später die Zügel lockerst.«

(Chao-Hsiu Chen)

»Gründe stammen aus Überzeugungen,
nicht Überzeugungen aus Gründen.«

(Sören Kierkegaard)

»Auch der Mutigste von uns hat nur selten den Mut zu dem,
was er eigentlich weiß.«

(Friedrich Nietzsche)

»Lieben: Einwilligen, mit einem Menschen alt zu werden.«

(Albert Camus)

»Wer will, dass sein Sohn Respekt vor ihm und seinen Anweisungen
hat, muss selbst große Achtung vor seinem Sohn haben.«

(John Locke)

»Jede Bosheit kommt von Schwäche:
nur weil es schwach ist, ist ein Kind böse
Macht ihr es stark, so wird es gut sein;
wer alles könnte, würde niemals Böses tun.«

(Jean-Jacques Rousseau)

»Die Familie ist die älteste aller Gemeinschaften
und die einzige natürliche.«

(Jean-Jacques Rousseau)

»Kinder erfrischen das Leben und erfreuen das Herz.«

(Friedrich Ernst Schleiermacher)

»Gar nicht selten hört man aus Kindermund, was dem Sinne nach
unmittelbar in die Tiefe des Philosophierens geht.«

(Karl Jaspers)

»Kinder sind der Natur noch ganz nahe, sie sind die Vettern von
Wind und Meer; aus ihrem Stammeln kann einer, der es versteht,
weite und vage Lehren entnehmen.«

(Jean-Paul Sartre)

»Wenn die natürlichen Neigungen des Menschen seine Erziehung
beherrschen, dann ist er nur ein grober Lümmel; wenn hingegen
die Erziehung die natürlichen Neigungen des Menschen beherrscht,
dann ist er nur ein politischer Mensch. Aber wenn die Erziehung und
die natürlichen Neigungen im gleichen Verhältnis stehen, so bilden
sie den höheren Menschen.«

(Konfuzius)

»Wer Menschen führen will, muss hinter ihnen gehen.«

(Laotse)

»Schönes wächst inmitten der Dornen.«

(Kongo)

»Nicht für die Schule, sondern für das Leben lernen wir.«

(*L. Annaeus Seneca*)

»Eltern, Lehrer und Diener haben die törichte Gewohnheit, zwischen Brüdern während der Kinderzeit einen Wetteifer zu erzeugen und zu nähren, der oft in Zwietracht ausartet, wenn sie herangewachsen sind.«

(*Francis Bacon*)

»Die größte Kunst ist, den Kleinen alles, was sie tun oder lernen sollen, zum Spiel und Zeitvertreib zu machen.«

(*John Locke*)

»Man erstickt den Verstand der Kinder unter einem Ballast unnützer Kenntnisse.«

(*Voltaire*)

»Das große Geheimnis der Erziehung ist, es so einzurichten, dass die Übungen des Körpers und die des Geistes sich gegenseitig zur Erholung dienen.«

(*Jean-Jacques Rousseau*)

»Es ist weitaus nützlicher, sich eine einzige eigene Unzulänglichkeit bewusst zu machen als tausend Unzulänglichkeiten eines anderen. Denn liegt der Fehler bei uns, können wir ihn korrigieren.«

(*Dalai Lama*)

»Liebe gegen alle Wesen ist wahre Religion.«

(*Buddha*)

»Ein Hauptstudium der Jugend sollte sein, die Einsamkeit ertragen lernen, weil sie eine Quelle des Glücks und der Gemütsruhe ist.«

(Arthur Schopenhauer)

»Inkonsequenz in der Erziehung ist einer der schlimmsten Fehler.«

(Herbert Spencer)

»Das Individuum wird von seinen Erziehern behandelt,
als ob es zwar etwas Neues sei,
aber eine Wiederholung werden solle.«

(Friedrich Nietzsche)

»Die Jahreszeiten der Erde sind auch die Jahreszeiten der Seele und des Körpers. Der Mensch erwacht im Frühling; im Sommer stellt er seine Kraft und seine Leidenschaft für das Leben unter Beweis. Im Herbst wird er still, und im Winter zieht er sich in sein eigenes Inneres zurück und wendet sich den anderen Welten zu. Auf diese Weise dreht sich das Rad und trägt mit sich die Lebenden und die Toten, die Sonne und den Regen, die Nacht und den Tag, im Tanz der ewigen Wiederkehr.«

(Indianische Weisheit)

»Du fürchtest zu verlieren, was du besitzt, und deshalb bist du nicht glücklich. Lerne, innerlich loszulassen, ohne deine Wünsche aufzugeben. Löse dich von den Dingen und nähere dich ihnen gleichzeitig an. Das ist einer der Schlüssel zur Befreiung. Akzeptiere, das zu verlieren, was du besitzt, wenn du es lange behalten willst.«

(Drukpa Rinpoche)

»Freies Fragen wird verhindert werden, solange es Ziel der Erziehung ist, Überzeugungen statt Denken hervorzubringen.«

(Bertrand Russell)

»Die meisten Anstrengungen der Eltern, ihren Kindern gute Manieren beizubringen, scheitern daran, dass die Kinder in einem natürlichen Trieb aller nachmachen, was sie ihre Eltern tun sehen.«

(Bertrand Russell)

»Kein Amt zu haben ist nicht schlimm. Aber schlimm ist es, keine Fähigkeiten für ein Amt zu haben, das man innehat.«

(Konfuzius)

»Ihr seid zur Freiheit berufen.«

(Apostel Paulus)

»Die es wissen, sprechen nicht davon.
Die davon sprechen, wissen es nicht.«

(Laotse)

»Ein Jegliches hat seine Zeit,
und alles Vorhaben unter dem Himmel hat seine Stunde.«

(Prediger 3,1)

»The true value of a human being can be found in the degree to which he has attained liberation from the self.«

(Albert Einstein)

«Die Ausrichtung auf die Uhrzeit hatte unglücklicherweise zur Folge, dass es wichtiger wurde, etwas getan zu haben, als es zu tun.«

(Christopher Vasey)

»Wenn wir unterwegs sind, reisen wir nicht,
sondern wollen ans Ziel kommen.
Wenn wir telefonieren, wollen wir nicht mit dem Gegenüber
sprechen, sondern zum Ergebnis kommen.
Wenn wir nach getaner Arbeit beim Rotwein angekommen sind,
genießen wir nicht den Wein, sondern wollen uns entspannen.
[...] Verwechslung von Tun und Ziel [...]«

(Paul J. Kohtes)

»Will man etwas fangen, muss man es zunächst loslassen.«

(Chinesisches Stratagem Nr. 12)

»Sich entwickeln heißt, die eigenen Verwicklungen aufzulösen.«

(Paul J. Kohtes)

»Wenn man einem Menschen vertrauen kann,
erübrigt sich ein Vertrag.
Wenn man ihm misstrauen muss,
ist ein Vertrag nutzlos.«

(Paul Getty)

»Glück ist nicht, das gerne zu tun, was wir möchten,
sondern das gerne zu tun, was wir tun.«

(Leo Tolstoj)

»Bei gleicher Umgebung lebt doch jeder in einer anderen Welt.«

(Arthur Schopenhauer)

»Wir können nicht eine gleiche Gerechtigkeit
unter Ungleichen anwenden.«

(Aristoteles)

»Was wir in der Wirklichkeit verloren haben
suchen wir in der Illusion.«

(Krishna)

»Was ist Gerechtigkeit?
Ein Schluck Wasser ist für einen Ertrinkenden zuviel,
für einen Verdurstenden zu wenig.
Gerechtigkeit = Chancengleichheit«

(unbekannt)

»›Meinung‹ ist die Brücke zwischen Wissen und Unwissen.«

(Platon)

»Wenn wir wissen, können wir es sagen.
Wenn wir nicht wissen, wozu eine Meinung?«

(unbekannt)

»Ethische Menschen brauchen keine Gesetze, moralische schon.«

(unbekannt)

»Viele möchten sich ›weiter-entwickeln‹ –
kaum einer ›höher-entwickeln‹.«

(unbekannt)

»Demokratie = Quantität > Qualität«

(unbekannt)

»Erfolg ≠ Ergebnisse sammeln.
Erfolg = Ein Weg zu einem Ziel, das uns besser macht.«

(unbekannt)

»Ein wahrer Künstler will malen, nicht das Bild beenden.«

(unbekannt)

»Wenn ich das Gefühl habe, etwas beenden zu müssen, ist es der
falsche Weg.«

(unbekannt)

»Zu glauben, zu wissen, ist die schlimmste Form
der Unwissenheit.«

(unbekannt)

»Das Sammeln von Informationen ≠ Wissen.«

(unbekannt)

»Höflichkeit ≠ Respekt.«

(unbekannt)

»Wir dürfen unseren Kindern nicht unsere Ängste übergeben.«

(unbekannt)

»Wenn man Kunst erklären muss, ist es keine Kunst.«

(unbekannt)

»Wir lieben die Freiheit uns versklaven zu lassen.«

(unbekannt)

»Es gibt keine schlechten Menschen – nur unwissende Menschen.«

(unbekannt)

»Wir müssen aufhören zu mögen und beginnen zu lieben.«

(unbekannt)

»Neu + anders ≠ besser«

(unbekannt)

»Anfang: der wichtigste Teil der Arbeit.«

(Platon)

»Gute Ware verkauft sich gut, schlechte bedarf der Reklame.«

(Suaheli)

»Der Lohn eines Amtes ist das Amt selbst.«

(L. Annaeus Seneca)

»Arbeit befreit uns von drei Übeln: Langeweile, Laster und Not.«

(Voltaire)

»Es gibt Berufe, die das Gemüt notwendigerweise verhärten. Das gilt für die Soldaten, für die Schlächter, für die Polizisten, für die Kerkermeister, für alle Berufe, die sich auf das Unglück anderer Menschen gründen.«

(Voltaire)

»Wenn die einen genießen wollen, ohne zu arbeiten, so werden andere arbeiten müssen, ohne zu genießen.«

(Voltaire)

»Einem bei Lebzeiten ein Monument setzen, heißt die Erklärung ablegen, dass hinsichtlich seiner der Nachwelt nicht zu trauen sei.«

(Arthur Schopenhauer)

»Experte: ein Mann, der zuerst weiß, wie alles kommen wird, und danach weiß, wieso es anders gekommen ist.«

(Bertrand Russell)

»Freu dich an dem, was du besitzest.«

(Platon)

»Der Berufene häuft keinen Besitz auf. Je mehr er für andere tut, desto mehr besitzt er.«

(Laotse)

»Die Freundschaft erlaubt dir, auf dem Weg zur Befreiung schneller voranzukommen. Freunde, die sich gut kennen, betrachten und beurteilen einander im selben Spiegel, ohne jemals aufzuhören, einander zu lieben. Der eine ist der getreue Spiegel des anderen.«

(Drukpa Rinpoche)

»Habgier im Alter ist eine Narrheit. Vergrößert man denn seinen Reiseproviant, wenn man sich dem Ziel nähert?«

(Marcus Tullius Cicero)

»Meine Seele und ich begaben uns zum großen Meer, um zu baden. Und als wir das Ufer erreicht hatten, machten wir uns auf die Suche nach einer ruhigen und abgeschiedenen Stelle. (...)
Plötzlich hörten wir eine Stimme rufen: ›Das ist das tiefe Meer! Das ist das mächtige und grenzenlose Meer!‹ Und als wir die Stimme erreichten, da war es ein Mann, der dem Meer den Rücken zukehrte und sich ein Schneckengehäuse ans Ohr hielt und dessen Gemurmel lauschte.
Und meine Seele sagte: ›Lass uns weitergehen, das ist der Realist, der dem Ganzen, das er nicht fassen kann, den Rücken kehrt und sich mit einem Bruchstück abgibt‹.«

(Khalil Gibran, »Der Traum des Propheten«)

»Das Geld hat noch keinen reich gemacht.«

(L. Annaeus Seneca)

»Wenig brauchen ist besser als viel haben.«

(Aurelius Augustinus)

»In der ersten Hälfte unseres Lebens opfern wir die Gesundheit, um Geld zu erwerben, in der zweiten Hälfte opfern wir unser Geld, um die Gesundheit wiederzuerlangen.«

(Voltaire)

»Geld: dasjenige, das man besitzt, ist das Mittel zur Freiheit; dasjenige, dem man nachjagt, das Mittel der Knechtschaft.«

(Jean-Jacques Rousseau)

»Es gibt Leute, die zahlen für Geld jeden Preis.«

(Arthur Schopenhauer)

»Denn meistens belehrt erst der Verlust uns über den Wert der Dinge.«

(Arthur Schopenhauer)

»Geld kostet oft zu viel.«

(Ralph Waldo Emerson)

»Nicht auf die Größe des Vermögens, sondern auf die des Geistes kommt es an.«

(L. Annaeus Seneca)

»Lausche stets auf die Welt, wie ein Kind, das über alles staunt. Hege ein Gefühl der Liebe und Bewunderung für die gesamte Schöpfung vom winzigsten Grashalm bis zum entferntesten Gestirn. So wirst du die verloren gegangene Harmonie wiederfinden.«

(Indianische Weisheit)

»Wahrhaft ethisch ist der Mensch nur, wenn er der Nötigung gehorcht, allem Leben, dem er beistehen kann zu helfen, und sich scheut, irgendetwas Lebendigem Schaden zu tun. Er fragt nicht, inwiefern dieses oder jenes Leben als wertvoll Anteilnahme verdient, und auch nicht, ob und inwieweit es noch empfindungsfähig ist. Das Leben als solches ist ihm heilig. Er reißt kein Blatt vom Baume ab, bricht keine Blume und hat Acht, dass er kein Insekt zertritt. [...]
Geht er nach dem Regen auf die Straße und erblickt einen Regenwurm, der sich darauf verirrt hat, so bedenkt er, dass er in der Sonne vertrocknen muss, wenn er nicht rechtzeitig auf Erde kommt, in der er sich verkriechen kann, und befördert ihn von dem todbringenden Steinigen hinunter ins Gras.
Kommt er an einem Insekt vorbei, das in einen Tümpel gefallen ist, so nimmt er sich die Zeit, ihm ein Blatt oder einen Halm zur Rettung hinzuhalten.
Er fürchtet sich nicht, als sentimental belächelt zu werden. Es ist das Schicksal jeder Wahrheit, vor ihrer Anerkennung des Lächelns zu sein.«

(Albert Schweitzer)

»Betrachtest du nun dein eigenes Leben, dann wisse, dass deine Wurzeln, dein Stamm, deine Äste und deine Blätter so lange gedeihen werden, als dein Wesen edel ist. Also kannst du glücklich sein.«

(Chao-Hsiu Chen)

»Nicht wer wenig hat, sondern wer viel wünscht, ist arm.«

(L. Annaeus Seneca)

»Wenn der Reiche den Überfluss behält, bestiehlt er den Armen.«

(Thomas v. Aquin)

»Reich ist man nicht durch das, was man besitzt, sondern mehr noch durch das, was man mit Würde zu entbehren weiß; und es könnte sein, dass die Menschheit reicher wird, indem sie ärmer wird, und gewinnt, indem sie verliert.«

(Immanuel Kant)

»Krankheit lässt den Wert der Gesundheit erkennen.«

(Heraklit)

»Da flehen die Menschen die Götter an um Gesundheit und wissen nicht, dass sie die Macht darüber selber haben. Durch ihre Unmäßigkeit arbeiten sie ihr entgegen…«

(Demokrit)

»Das ist der große Fehler bei der Behandlung von Krankheiten, dass es Ärzte für den Körper und Ärzte für die Seele gibt, obwohl beides doch nicht getrennt werden kann.«

(Platon)

»In den Stunden der Mahlzeit, des Schlafes und der körperlichen Bewegung sorglos und heiter gestimmt zu sein, ist eine der besten Regeln für langes Leben.«

(Francis Bacon)

»Das Geheimnis der Medizin besteht darin,
den Patienten abzulenken, während die Natur sich selbst hilft.«

(Voltaire)

»Gesundheit ist gewiss nicht alles,
aber ohne Gesundheit ist alles nichts.«

(Arthur Schopenhauer)

»Die größte aller Torheiten ist, seine Gesundheit aufzuopfern, für
was es auch sei, für Erwerb, für Beförderung, für Gelehrsamkeit, für
Ruhm, geschweige für Wollust und flüchtige Genüsse: vielmehr soll
man ihr nachsetzen.«

(Arthur Schopenhauer)

»Durch Alkohol bringt man sich auf Stufen der Kultur zurück, die
man überwunden hat.«

(Friedrich Nietzsche)

»Ich meine, dass die Gesundheit uns glücklich macht, aber das Um-
gekehrte tut auch seine Wirkung. Ich glaube, dass ein glücklicher
Mensch weniger leicht erkrankt als ein unglücklicher.«

(Bertrand Russell)

»Wenn man sieht, was die heutige Medizin fertig bringt,
fragt man sich unwillkürlich:
wie viele Etagen hat der Tod?«

(Jean-Paul Sartre)

»Eigenartigerweise kann ein Mann immer sagen,
wie viele Schafe er besitzt, aber er kann nicht sagen,
wie viele Freunde er hat, so gering ist der Wert,
den wir ihnen beimessen.«

(Sokrates)

»Gesinnungsgleichheit bewirkt Freundschaft.«

(Demokrit)

»Freundschaft ist eine Seele in zwei Körpern.«

(Aristoteles)

»Anteilnehmende Freundschaft macht das Glück strahlender und erleichtert das Unglück.«

(Marcus Tullius Cicero)

»In der wahren Freundschaft schenke ich mich meinem Freunde mehr, als dass ich ihn an mich ziehe.«

(Michel Montaigne)

»Freundschaft ist wie der Duft von Blumen;
sie schmückt denjenigen, der in ihrer Gegenwart lebt.
Versuche nicht, sie abzuschneiden, sie zu entwurzeln,
um sie eifersüchtig nach Hause mitzunehmen.
Damit würdest du sie sterben lassen.«

(Drukpa Rinpoche)

»Freundschaft ist die Hochzeit der Seele.«

(Voltaire)

»Ein guter Freund ist mehr wert als aller Ruhm dieser Welt.«

(Voltaire)

»Die Liebe geht darauf aus, aus zweien eins zu machen,
die Freundschaft darauf, aus jedem zwei zu machen.«
(Friedrich Ernst Schleiermacher)

»Es gibt nur eine Möglichkeit, einen Freund zu haben:
man muss selbst einer sein.«
(Ralph Waldo Emerson)

»Mitfreude, nicht mitleiden, macht den Freund.«
(Friedrich Nietzsche)

»Wenn ich auch nur mit drei Leuten zusammen bin,
kann ich immer sicher sein, von ihnen etwas zu lernen.«
(Konfuzius)

»Die höchste Stufe menschlicher Bildung ist die vollkommene
Ausgeglichenheit der Seele und der maßvolle Lebenswandel.«
(Konfuzius)

»Wer glaubt, durch Verstandesbildung einen Ausgleich
für die Herzensbildung schaffen zu können, ist ein Tor.«
(Laotse)

»Der Weise ist nicht gelehrt, der Gelehrte nicht weise.«
(Laotse)

»Zuviel Zeit mit Studieren verbringen, ist Faulheit;
es nur als Schmuck zu verwenden – Affektiertheit;
nur danach zu urteilen – Gelehrtenwahn.«

(Francis Bacon)

»Vermöge seiner Bildung sagt der Mensch nicht, was er denkt,
sondern was andere gedacht haben und was er gelernt hat.«

(Arthur Schopenhauer)

»Niemand urteilt schärfer als der Ungebildete.
Er kennt weder Gründe noch Gegengründe
und glaubt sich immer im Recht.«

(Ludwig Feuerbach)

»Es war einmal ein Mann, der hatte seine Axt verloren. Er hatte seines
Nachbars Sohn im Verdacht und beobachtete ihn. Die Art, wie er
ging, war ganz die eines Axtdiebes; sein Gesichtsausdruck war ganz
der eines Axtdiebes; die Art wie er redete, war ganz die eines Axtdiebes; aus allen seinen Bewegungen und aus seinem ganzen Wesen
sprach deutlich der Axtdieb. Zufällig grub jener Mann einen Graben
um und fand seine Axt. Am anderen Tag sah er den Nachbarssohn
wieder. Alle seine Bewegungen und sein ganzes Wesen hatten nichts
mehr von einem Axtdieb an sich.«

(LIEZI)

»Nicht fort sollt ihr euch entwickeln, sondern hinauf.«

(Friedrich Nietzsche)

»Die Schulbildung sollte nicht nach einer passiven Kenntnisnahme toter Ereignisse streben, sondern nach einer Aktivität, gerichtet auf die Welt, die unsere Bemühungen schaffen sollen.«

(Bertrand Russell)

»Die direkte Folge des einseitigen Spezialistentums ist es, dass heute, obwohl es mehr ›Gelehrte‹ gibt als je, die Anzahl der ›Gebildeten‹ viel kleiner ist als zum Beispiel 1750.«

(Josè Ortega y Gasset)

»Ich suche nach keiner anderen Wissenschaft als der, welche von der Kenntnis meiner selbst handelt, welche mich lehrt, gut zu leben und gut zu sterben.«

(Michel Montaigne)

»Der Wert der Wissenschaft ist zu messen an der Schärfe, mit der sie sich selbst ihre Grenzen setzt.«

(Immanuel Kant)

»Der Akademikergeist neigt immer dazu, an einmal aufgenommene Meinungen festzuhalten und sich dabei als Hüter der Wahrheit vorzukommen.«

(Claude Henri Saint-Simon)

»Eine gefasste Hypothese gibt uns Luchsaugen für alles sie Bestätigende und macht uns blind für alles ihr Widersprechende.«

(Arthur Schopenhauer)

»Die Kraft, die kein Ziel kennt, ist der Vater der Faulheit.«

(Engude)

»Unsere Theorien sind unsere Erfindungen. Sie sind nie mehr als kühne Vermutungen, Hypothesen; von uns gemachte Netze, mit denen wir die wirkliche Welt einzufangen versuchen.«

(Karl R. Popper)

»Wenn jemand einmal eine Theorie akzeptiert hat,
führt er erbitterte Nachhutgefechte gegen die Tatsachen.«

(Jean-Paul Sartre)

»Jede Kunst ist eine Nachahmung der Natur.«

(L. Annaeus Seneca)

»Widme ein Zimmer deines Hauses der Stille und dem Gebet. Schon bald wird dieser Raum seinen eigenen Geist besitzen und zu einem Ort der Kraft werden.«

(Indianische Weisheit)

»Wie eitel ist doch die Malerei, welche zur Bewunderung reizt, indem sie Abbilder von dem schafft, was man nicht einmal im Original bewundert!«

(Blaise Pascal)

»Die Musik ist viel mächtiger als das Wort. Musik und Worte sind die Vermählung eines Prinzen mit einem Bettlermädchen.«

(Arthur Schopenhauer)

»Das Publikum ist so einfältig, lieber das Neue als das Gute zu lesen.«

(Arthur Schopenhauer)

»Ich bin Schriftsteller geworden aus Liebe zur Welt und den Menschen und nicht, weil ich mich berufen fühle, zu verfluchen und anzuprangern.«

(Albert Camus)

»Wie die Heilkunde die Krankheiten des Körpers heilt, so befreit die Weisheitslehre die Seele von den Leidenschaften.«

(Demokrit)

»Gesetzt, es wären sämtliche Gesetze aufgehoben, so werden wir Philosophen doch in unserer Lebensweise keine Veränderung eintreten lassen.«

(Aristippos v. Kyrene)

»Staunen: der erste Grund der Philosophie.«

(Aristoteles)

»Du musst dich entscheiden:
entweder arbeitest du für deine Seele oder für die äußeren Dinge.
Entweder bemühst du dich um das Innere oder um das Äußere,
d.h. entweder spielst du die Rolle eines Philosophen oder eines
gewöhnlichen Menschen.«

(Epiktet)

»Lerne die Schönheit des Augenblicks zu genießen, den Flug eines Vogels, das Brausen des Windes, das Plätschern einer Quelle, den geheimnisvollen Halbschatten des Unterholzes. Werde wie ein Kind mit seinem Staunen über alle Dinge, und die Zeit wird stillstehen. Dann wirst du die ganze Welt durch deinen eigenen Körper erfahren.«

(Indianische Weisheit)

»Klug fragen können ist die halbe Weisheit.«

(Francis Bacon)

»Es ist nicht die Pflicht eines Philosophen, die Unglücklichen zu bemitleiden – er muss ihnen nützlich sein.«

(Voltaire)

»Philosophie ist für den Menschen Bestrebung zur Weisheit, die immer unvollendet ist.«

(Immanuel Kant)

»Man kann nur Philosoph werden, nicht es sein.
Sobald man es zu sein glaubt, hört man auf, es zu werden.«

(Friedrich v. Schlegel)

»Der Materialismus … leitet das Erkennen aus der Materie abund vergisst, dass diese selbe Materie schon das Erkennen voraussetzt … Daher gleicht der Materialist dem Baron von Münchhausen, der sich selbst am Zopf aus dem Wasser zieht.«

(Arthur Schopenhauer)

»Der Religion ist nur das Heilige wahr,
der Philosophie nur das Wahre heilig.«

(Ludwig Feuerbach)

»Die Aufgabe der wahren Philosophen ist es, auf die Verbesserung
der als veränderlich erkannten Seite der Welt loszugehen.«

(Friedrich Nietzsche)

»Ein wunderbares Zeichen dafür, dass der Mensch als solcher
ursprünglich philosophiert, sind die Fragen der Kinder. Gar nicht
selten hört man aus Kindermund, was dem Sinne nach unmittelbar
in die Tiefe des Philosophierens geht.«

(Karl Jaspers)

»Philosophie ist die Wissenschaft,
über die man nicht reden kann,
ohne sie selbst zu betreiben.«

(Karl Friedrich v. Weizsäcker)

»Gedenket nicht Heiligkeit zu setzen auf ein Tun.
Heiligkeit soll man setzen auf ein Sein;
denn nicht die Werke heiligen uns,
sondern wir sollen die Werke heiligen.«

(Meister Eckart)

»Das Ziel der Philosophie ist einzig und allein die Wahrheit,
das Ziel des Glaubens einzig und allein
Gehorsam und Frömmigkeit.«

(Benedictus Spinoza)

»Nur eine Religion, die alle anderen duldet und so deren Wohl-wollen würdig ist, kann aus der Menschheit ein Volk von Brüdern machen.«

(Voltaire)

»Jede falsche Religion steht mit der Natur im Konflikt.«

(Jean-Jacques Rousseau)

»Um sich ein richtiges Urteil über eine Religion zu bilden, muss man sie nicht aus den Büchern ihrer Bekenner studieren, sondern sie aus dem Verkehre mit denselben lernen.«

(Jean-Jacques Rousseau)

»Eine Religion, die den Menschen finster macht, ist falsch; denn er muss Gott mit frohem Herzen und nicht aus Zwang dienen.«

(Immanuel Kant)

»Wenn die Sterne nur in einer Nacht in tausend Jahren scheinen würden, wie würden doch die Menschen glauben und bewundern.«

(Ralph Waldo Emerson)

»Es ist nicht möglich, dass ein Glaube stirbt; es sei denn, dass ein neuer geboren würde.«

(José Ortega y Gasset)

»Gibt es denn Christen? Ich habe noch nie welche gesehen.«

(Denis Diderot)

»Bei keiner Sache hat man so sehr Kern und Schale zu unterscheiden, wie beim Christentum. Eben weil ich den Kern liebe, zerbreche ich zuweilen die Schale.«

(Arthur Schopenhauer)

»Jesus Christus will nicht Bewunderer, sondern Nachfolger.
Der Bewunderer ist die billige Volksausgabe des Nachfolgers.«

(Sören Kierkegaard)

»Die Bergpredigt verstehen kann nur ein Mensch, der den Mut hat, sich selbst radikal in Frage zu stellen – sich selbst, nicht die anderen, nicht nur dies und das an sich selbst.«

(Karl Rahner)

»Es ist sinnlos, von den Göttern zu erbitten,
was man sich aus eigener Kraft verschaffen kann.«

(Epikur)

»Einer nur entscheidet über Leben und Tod.
Wer an seiner Statt richtet und tötet, gleicht einem Blinden,
der statt des Zimmermanns die Axt führt und sich selbst verletzt.«

(Laotse)

»Die Menschen kommen durch nichts den Göttern näher,
als wenn sie Menschen glücklich machen.«

(Marcus Tullius Cicero)

»Menschen und menschliche Dinge muss man kennen, um sie zu lieben, Gott und göttliche Dinge muss man lieben, um sie zu kennen.«

(Blaise Pascal)

»Es ist erstaunlich, dass noch nie ein kanonischer Autor sich der Natur bedient hat, um Gott zu beweisen. Alle gehen darauf aus, den Glauben an ihn zu wecken.«

(Blaise Pascal)

»Das Wort Zufall ist Gotteslästerung.«

(Arthur Schopenhauer)

»Das Gelingen verlangt großen Verzicht. Wer sich an die Früchte seines Handelns klammert, der macht keine Fortschritte mehr. Er findet sich durch seine eigenen Werke gefesselt und geknebelt. Löse dich durch Meditation von deinen Werken, ohne auf sie selbst zu verzichten.«

(Drukpa Rinpoche)

»Mit der Liebe zu Gott und der Liebe zu den Menschen verhält es sich wie mit zwei Türen, die sich nur gleichzeitig öffnen und schließen lassen.«

(Sören Kierkegaard)

»Beten heißt nicht, sich selbst reden hören. Beten heißt: Stillwerden und Stillesein und Hören, bis der Betende Gott hört.«

(Sören Kierkegaard)

»Einer der interessantesten und verhängnisvollsten Irrtümer, dem Menschen und ganze Völker erliegen können, ist es, sich für das besondere Werkzeug des göttlichen Willens zu halten.«

(Bertrand Russell)

»Nicht Tatsachen, sondern Meinungen über Tatsachen bestimmen das Zusammenleben.«

(Epiktet)

»Die Indianer, die wir als Barbaren schelten, beachten in ihren Gesprächen und Unterhaltungen weit mehr Anstand und Höflichkeit als wir: man hört einander stillschweigend an, bis der eine ausgeredet hat, und dann antwortet der andere gelassen, ohne Lärm und Leidenschaft.«

(John Locke)

»Die öffentliche Meinung ist eine Ansicht, der es an Einsicht mangelt.«

(Arthur Schopenhauer)

»Es ist leicht, in Gemeinschaft zu leben, nach den Regeln der anderen. Es ist ebenso leicht, zurückgezogen zu leben nach den eigenen Vorstellungen. Größe aber bezeugt, wer inmitten der Menge freundlich die Unabhängigkeit des Einsamen bewahrt.«

(Ralph Waldo Emerson)

»Wahnsinn bei Individuen ist selten, aber in Gruppen, Nationen und Epochen die Regel.«

(Friedrich Nietzsche)

»Es gibt keinen Unsinn, den man der Masse nicht durch geschickte Propaganda mundgerecht machen könnte.«

(Bertrand Russell)

»Wer lebt, ist reich genug.«

(aus Kamerun)

»Ihrem eigenen Trieb überlassen, neigt die Masse immer dazu, aus Lebensbegierde die Grundlagen ihres Lebens zu zerstören.«

(Josè Ortega y Gasset)

»Der Macht, die diese Gesellschaft über den Menschen gewonnen hat, wird durch ihre Leistungsfähigkeit und Produktivität täglich Absolution erteilt.«

(Herbert Marcuse)

»Friede ist nicht Abwesenheit vom Krieg. Friede ist eine Tugend, eine Geisteshaltung, eine Neigung zu Güte, Vertrauen, Gerechtigkeit.«

(Benedictus Spinoza)

»Den Körper zu baden ist nicht genug, die Reinigung ist dann unvollständig. Lerne auch, deinen Geist in den ruhigen Gewässern der Stille zu waschen.«

(Indianische Weisheit)

»Aus der Geschichte der Völker können wir lernen, dass die Völker aus der Geschichte nichts gelernt haben.«

(G. W. Hegel)

»Die Frage heute ist, wie man die Menschheit überreden kann,
in ihr eigenes Überleben einzuwilligen.«

(Bertrand Russell)

»Wenn die Welt ein paar Generationen lang ohne Krieg auskommen
könnte, würde ihr schließlich der Krieg genauso absurd erscheinen,
wie das Duell uns heute erscheint.«

(Bertrand Russell)

»Fortschritt: die bekannten alten Sorgen gegen unbekannte neue,
noch kompliziertere Sorgen eintauschen.«

(Josè Ortega y Gasset)

»Die Frage des Friedens ist nicht zuerst eine Frage an die Welt,
sondern für jeden an sich selbst.«

(Karl Jaspers)

»Krieg: die Furcht, welche Sicherheit will und sie nur in der Über-
macht über alle andern findet.«

(Karl Jaspers)

»Das Fortschreiten der technischen Mittel ist von einem Prozess der
Entmenschlichung begleitet. Der Fortschritt droht das Ziel zunichte
zu machen, das er verwirklichen soll – die Idee des Menschen.«

(Max Horkheimer)

»Es geht nicht darum, den technischen Fortschritt aufzuhalten oder
zu drosseln, sondern darum, diejenigen seiner Züge zu beseitigen,

welche die Unterwerfung des Menschen unter den Apparat und die Steigerung des Kampfes ums Dasein verewigen.«

(Herbert Marcuse)

»Zwar können heute schon Menschen auf dem Mond landen, aber die Zahl und der Umfang der sozialen Mondlandschaften auf unserer Erde wurden noch nicht verringert.«

(Jean-Paul Sartre)

»Wenn auf Erden die Liebe herrschte,
wären alle Gesetze zu entbehren.«

(Aristoteles)

»Denn das Recht ist nichts anderes als die in der staatlichen Gemeinschaft herrschende Ordnung, und eben dieses Recht ist es auch, das darüber entscheidet, was gerecht ist.«

(Aristoteles)

»In Hinsicht auf die Weisen bestehen die Gesetze nicht, damit sie kein Unrecht tun, sondern damit ihnen kein Unrecht geschieht.«

(Epikur)

»Wenn die Liebe verloren geht, entstehen Rechte und Pflichten. Wenn die Staaten ins Verderben stürzen, entstehen Beamte, die nur ihre Pflicht tun.«

(Laotse)

»Kleine Verbrechen werden bestraft, große in Triumphzügen gefeiert.«

(L. Annaeus Seneca)

»Besser, man riskiert, einen Schuldigen zu retten,
als einen Unschuldigen zu verurteilen.«

(Voltaire)

»Von Natur hat jeder Mensch ein Recht auf alles,
was er notwendig braucht.«

(Jean-Jacques Rousseau)

»Konvention heißt Übereinkommen in Worten und Handlungen
ohne Übereinkommen des Gefühls.«

(Friedrich Nietzsche)

»Wer die Vögel nicht achtet, die Berge und Flüsse nicht respektiert,
wer die Erde verwundet und die Luft, die er atmet, vergiftet, der
missachtet dies wundervolle Leben. Er vermag die schlichte Schönheit der Dinge nicht mehr zu sehen, die mit jeder Geste des Lebens
einhergeht und den Menschen von Kindheit an beschützt wie ein
Vogel mit goldenen Schwingen.«

(Indianische Weisheit)

»Die Krone des Seelenfriedens ist unvergleichbar wertvoller als
leitende Stellungen im Staate.«

(Epikur)

»Die Wissenschaftler bemühen sich, das Unmögliche möglich zu
machen. Die Politiker bemühen sich oft, das Mögliche unmöglich
zu machen.«

(Bertrand Russell)

»Das Hauptproblem von Ethik und Politik besteht darin, auf irgendeine Weise die Erfordernisse des Gemeinschaftslebens mit den Wünschen und Begierden des Individuums in Einklang zu bringen.«

(Bertrand Russell)

»Kommunismus und Kapitalismus sind nur Wege, auf denen die Menschen dazu gebracht werden, einander umzubringen.«

(Bertrand Russell)

»Noch niemals hat sich die Politik mit dem Schicksal der Enkel befasst. Davon kenne ich nur eine Ausnahme: Bismarck lagerte ein Fass Cognac ein, damit seine Enkelkinder etwas Anständiges zu trinken hätten.«

(Arnold Gehlen)

»Es gibt genug Politiker, die gerne das Richtige täten, wenn sie nicht wüssten, dass sie, gerade weil sie das Richtige tun, die nächste Wahl verlieren werden. Also muss die öffentliche Meinung aufgeweckt werden.«

(Carl Friedrich v. Weizsäcker)

»Die vollkommenste politische Gemeinschaft ist die, in der eine Mittelklasse herrscht, die den beiden anderen Klassen zahlenmäßig überlegen ist.«

(Aristoteles)

»In dem Staat, wo die Guten nichts voraus haben wollen und die Schlechten nichts voraus haben können, sind Friede und Eintracht.«

(Aristoteles)

»Der Wert des Geldes ist der Pulsschlag des Staates.«

(Voltaire)

»Die Verdienste der Demokratie sind negativer Natur: sie sichert keine gute Regierung, sondern verhindert bestimmte Übel.«

(Bertrand Russell)

»Ein Demokrat braucht nicht zu glauben, dass eine Mehrheit immer eine weise Entscheidung treffen wird. Woran er glauben soll, ist die Notwendigkeit, dass der Mehrheitsbeschluss, ob klug oder unklug, angenommen werden muss, bis die Mehrheit einen anderen Beschluss fasst.«

(Bertrand Russell)

»Die Idee der Demokratie verlangt die Fühlung der Staatsmänner mit dem Volke. Ohne das ist Demokratie nur als parteiliche Vorbereitung und als Manipulation der Abstimmungen da.«

(Karl Jaspers)

»Demokratie heißt Entscheidung durch die Betroffenen.«

(Carl Friedrich v. Weizsäcker)

»Wenn ein Herrscher das Rechte tut,
wird er Einfluss auf die Menschen haben, ohne zu befehlen.«

(Konfuzius)

»Wer aufrichtig ist, dem vertraut das Volk.«

(Konfuzius)

»Wie soll man dem Zwiegespräch der Bäume, dem Gesang der Quellen, den vielfachen Geistern der Natur lauschen können, wenn der Geist nicht befriedet ist? Nur in der Stille lässt die Natur ihre Stimme hören. Die Stille gibt den Menschen neue Augen zum Sehen und einen neuen Geist, um zu verstehen.«

(Indianische Weisheit)

»Herrscht ein ganz Großer,
so weiß das Volk kaum, dass er da ist.«

(Laotse)

»Wäre ich Fürst oder Gesetzgeber,
so würde ich meine Zeit nicht damit vergeuden, zu sagen,
was man tun muss; ich würde es tun oder schweigen.«

(Jean-Jacques Rousseau)

»Wenn es eine Rassendiskriminierung gibt,
dann existiert sie auch in Bezug auf Tiere.«

(Jacques-Yves Cousteau)

»Das, von dem ich nicht will,
dass andere mir es tun,
tue ich auch anderen nicht.«

(Konfuzius)

»Wer in sich selbst beruhigt ist,
der beunruhigt auch den anderen nicht.«

(Epikur)

»Besser auf dem rechten Weg hinken,
als festen Schrittes abseits wandeln.«

(Aurelius Augustinus)

»Tugend ist, was man mit Leidenschaft tut;
Laster ist, was man aus Leidenschaft tut.«

(Aurelius Augustinus)

»Die nur ganz langsam gehen, aber immer den rechten Weg verfolgen, können viel weiter kommen als die, welche laufen und auf
Abwege geraten.«

(René Descartes)

»Der Reiz des Familienlebens ist das beste Gegengift
gegen den Verfall der Sitten.«

(Jean-Jacques Rousseau)

»Wollen wir in Frieden leben,
muss der Friede aus uns selbst kommen.«

(Jean-Jacques Rousseau)

»Nur ein Lügner ist in Eile. Nimm einen Stuhl und setz dich.«

(Kenia)

»Jeder Baum verdient deinen Respekt.«

(Indianische Weisheit)

»Handle so, dass du die Menschheit, sowohl in deiner Person, als in der Person eines jeden andern, jederzeit zugleich als Zweck, niemals bloß als Mittel brauchtest.«

(Immanuel Kant)

»Es ist unmöglich, jemandem ein Ärgernis zu geben, wenn er es nicht nehmen will.«

(Friedrich v. Schlegel)

»Moralisten: Menschen, die sich jedes Vergnügen versagen, außer jenem, sich in das Vergnügen anderer Menschen einzumischen.«

(Bertrand Russell)

»Das Böse kann nicht mit der ganzen Seele getan werden, das Gute kann nur mit der ganzen Seele getan werden.«

(Martin Buber)

»Verantwortlich ist man nicht nur für das, was man tut, sondern auch für das, was man nicht tut.«

(Laotse)

»Die wahre Ruhe ist die des guten Gewissens.«

(L. Annaeus Seneca)

»Wenn einer in der Trunkenheit etwas Sträfliches begeht, so muss er doppelt Strafe leiden, als wenn er es in der Nüchternheit begangen hätte.«

(Plutarch)

»Wer bereut, hat die Chance, dass er eine Gegenwart haben wird, deren er sich in Zukunft nicht ganz so sehr zu schämen braucht.«

(Ludwig Marcuse)

»Gut ist nicht, wenn man kein Unrecht tut, sondern es überhaupt nicht wollen.«

(Demokrit)

»Habe ich eine gute Tat vollbracht, so soll die mein Denkmal sein; und wenn nicht, so helfen alle Bildsäulen nichts.«

(Plutarch)

»Wessen die Tugend eines Menschen fähig ist, soll nicht an der Spitze, sondern am Alltag gemessen werden.«

(Blaise Pascal)

»Höre auf, Dinge anzuhäufen, wenn dir dein Leben gelingen soll. Die Ansammlung von materiellen Gütern ist nur eine Karikatur des Glücks. Sie zersplittert und belastet den Geist. Werde wieder leicht!«

(Drukpa Rinpoche)

»Ich liebe die guten Taten nicht, die aus Interesse geschehen.«

(Voltaire)

»Fünferlei zu tun, das ist Sittlichkeit: Würde, Güte, Wahrhaftigkeit, Eifer, Freundlichkeit. Mit Würde erlangt man Achtung. Mit Güte gewinnt man die Massen. Mit Wahrhaftigkeit erreicht man Vertrauen. Mit Eifer erwirbt man Erfolg. Mit Freundlichkeit leitet man andere.«

(Konfuzius)

»Ruhm liegt nicht darin, niemals zu fallen, sondern jedes Mal wieder aufzustehen, wenn wir gescheitert sind.«

(Konfuzius)

»Ich schätze den als tapferer, der sein Verlangen überwindet, als jenen, der seine Feinde besiegt. Denn der schwerste Sieg ist der Sieg über sich selbst.«

(Aristoteles)

»Wer andere besiegt, ist stark. Wer sich selbst besiegt, ist mächtig.«

(Laotse)

»Wer anderer Not löst, ist der Erlöste.«

(Laotse)

»Der Gewalt auszuweichen ist Stärke.«

(Laotse)

»Nur wer sich in Genügsamkeit genügt, hat stets genug.«

(Laotse)

»Erleide eher ein Verbrechen, als selbst eines zu begehen.«

(L. Annaeus Seneca)

»Zur rechten Zeit zu schweigen ist ein Zeichen von Weisheit und oft besser als jede Rede.«

(Plutarch)

»Die Wahrheit siegt durch sich selbst.
Eine Lüge braucht stets einen Komplizen.«

(Epiktet)

»Wie schwierig ist es, dem Urteil eines anderen etwas zu unterbreiten, ohne sein Urteil durch die Weise, wie man es ihm unterbreitet, zu verderben!«

(Blaise Pascal)

»Demut ist, wenn jemand ohne Verlangen,
hoch geachtet zu werden,
seine Unvollkommenheit erkennt.«

(Benedictus Spinoza)

»Geduld ist bitter, aber sie trägt süße Früchte.«

(Jean-Jacques Rousseau)

»Höflichkeit ist wie ein Luftkissen;
es mag wohl nichts drin sein,
aber es mildert die Stöße des Lebens.«

(Arthur Schopenhauer)

»Selbstaufopferung ist das wirkliche Wunder,
aus dem alle anderen Wunder entspringen.«

(Ralph Waldo Emerson)

»Ahme den Gang der Natur nach. Ihr Geheimnis ist Geduld.«

(Ralph Waldo Emerson)

»Tadeln ist leicht: deshalb versuchen sich so viele darin.
Mit Verstand loben ist schwer: darum tun es so wenige.«

(Ludwig Feuerbach)

»Der, welcher etwas Großes schenkt, findet keine Dankbarkeit;
denn der Beschenkte hat schon durch das Annehmen zuviel Last.«

(Friedrich Nietzsche)

»Wer wirklich Autorität hat, wird sich nicht scheuen,
Fehler zuzugeben.«

(Bertrand Russell)

»Gehorsam heißt nicht, dass man eine Herrschaft duldet – Dulden
ist Erniedrigung – sondern, dass man sie bejaht und ihr folgt, weil
man sich eins mit ihr fühlt.«

(Josè Ortega y Gasset)

»Demut soll nie etwas anderes sein als die Verneinung von Hochmut.
Sonst wird sie Kleinmut.«

(Ludwig Marcuse)

»Wer einen Fehler gemacht hat und ihn nicht korrigiert,
begeht einen zweiten.«

(Konfuzius)

»Wer andere liebt, und sie sind ihm nicht zugetan, der prüfe seine
Gütigkeit. Wer andere regiert, und sie lassen sich nicht regieren, der
prüfe seine Weisheit. Wer andere ehrt und findet keine Antwort, der

prüfe seine Achtung. Wer etwas wirken will und keinen Erfolg hat, der suche den Grund bei sich selber. Ist seine Person recht, so fällt die ganze Welt ihm zu.«

(MENGZI)

»Wer Böses tut, sollte sich vor allem vor sich selbst schämen.«

(Demokrit)

Irgendwann in grauer Vorzeit befand sich ein koreanischer General mit seiner Heerschar in einem Feldzuge. Dieser schien von vornherein zum Scheitern verurteilt, weil die gegnerische Streitmacht gewaltig war. Genauso übermächtig wie der Gegner war auch die Angst, die der Befehlshaber und seine Krieger vor dem drohenden Kampf hatten. Und so versammelte der General seine Führungsmannschaft um sich, besprach die Lage und entschied, das Schicksal zu befragen: »Es macht keinen Sinn, in diesen Kampf zu ziehen, wenn das Schicksal nicht auf unserer Seite ist.«

Das Schicksal wurde damals befragt, indem man Münzen warf. Der General nahm also eine Münze und sagte: »Wenn der Kopf nach oben zeigt, dann ist das Schicksal mit uns und wir kämpfen. Erscheint die andere Seite oben, dann ziehen wir uns zurück und geben das Gefecht auf.«

Die Münze wurde geworfen und alle blickten gespannt dem Ergebnis entgegen. Wie erhofft lag der Kopf oben. Das Schicksal war demnach mit der Heerschar. Ein großes Raunen ging durch die Reihen. Alle waren erleichtert. Auch wenn noch ein bisschen Angst mitschwang, überwog doch die Kampfeslust – konnte man sich der Hilfe des Schicksals, dieser starken Macht, jetzt sicher sein.

Des Generals Krieger zogen nach dieser Vorhersage selbstbewusst in den Kampf und das Wunder geschah tatsächlich: Die kleine Streitmacht besiegte den übermächtigen Gegner. In der Nacht der Siegesfeier, in der alle zusammen saßen, fragte ein Offizier den General: »Hätten Sie den Kampf wirklich abgebrochen, wenn die andere Seite der Münze oben gelegen hätte? Oder wären Sie nicht doch mit uns ins Gefecht gezogen?« Da nahm der General die Münze aus der Tasche und zeigte sie dem Offizier. Der Kopf lag oben, und nachdem er sie umgedreht hatte, kam ein weiterer Kopf zum Vorschein.

(aus Paul J. Kohtes »Dein Job ist es, frei zu sein«,
J.Kamphausen Verlag)

»Es ist wie eine Krankheit der Menschen, dass sie ihre eigenen Fehler vernachlässigen, dafür aber auf den Feldern anderer nach Unkraut suchen; dass sie von Anderen Schweres verlangen, doch selbst nur Leichtes auf sich zu nehmen bereit sind.«

(Mengtse)

»Unrecht tut oft derjenige, der etwas nicht tut,
nicht nur der, der etwas tut.«

(Mark Aurel)

»Die Menschen sind keineswegs böse,
sondern nur ihren Interessen unterworfen.«

(Claude Adrien Helvétius)

»Der Mensch möchte von den Folgen seiner Laster bewahrt werden,
aber nicht vor den Lastern selbst.«

(Ralph Waldo Emerson)

»Je mehr Erfahrungen ich sammle, umso klarer wird mir, dass so gut wie alles Böse, das in unserer Gesellschaft getan wird – und es wird nicht viel anderes getan –, aus Schwäche geschieht.«

(Josè Ortega y Gasset)

»Das Böse in der Welt rührt fast immer von der Ungewissheit her, und der gute Wille kann so viel Schaden anrichten wie die Bosheit, wenn er nicht aufgeklärt ist.«

(Albert Camus)

»Das Rechte erkennen und nicht tun, ist Mangel an Mut.«

(Konfuzius)

»Eine echte Wissenschaft verneint weder den Menschen noch die Harmonie der Natur, noch Gott; denn das Wissen steht nie im Gegensatz zur Weisheit; Wissen ist nur die einfache Form von Weisheit.«

(Jorge A. Livraga)

»Die Welt wird sich verändern, wenn jeder Einzelne den Versuch wagt, seinen negativen Gedanken und Gefühlen entgegenzutreten, und allen Erdenbewohnern Mitgefühl entgegenbringt, gleichgültig, ob er eine direkte Beziehung zu ihnen hat oder nicht.«

(Dalai Lama, »Goldene Worte des Glücks«)

»Hass kann nie durch Hass besiegt werden – nur durch Liebe.«

(Konfuzius)

»Reinigung von Blutschuld suchen sie vergebens,
indem sie sich mit Blut besudeln;
wie wenn einer, der in Kot getreten,
sich mit Kot reinigen wollte.«

(Heraklit)

»Wir tun unrecht und handeln gottlos, wenn wir Tiere töten und uns von ihrem Fleisch nähren, da wir dann unsere Verwandten morden.«

(Empedokles)

»Der innere Krieger verrät niemals seine kindliche Seele. Er ist imstande, angesichts der Schönheit der Welt oder des Leids der Menschen mit gleicher Aufrichtigkeit zu weinen, denn er hält sich im Herzen der Welt auf, dort, wo die Morgenröte aufsteigt. Halte deine Tränen nicht zurück. Sie sind der tiefe Reichtum des Herzens, sein Teil von Schatten und Sonne.«

(Indianische Weisheit)

»Unersättlichkeit in der Freiheit und Gleichgültigkeit gegen alles andere verwandelt sie und macht Menschen für die Gewaltherrschaft bereit.«

(Platon)

»Wer auf den Zehen steht, steht nicht sicher. Wer große Schritte macht, kommt nicht weiter. Wer sich gern selber zeigt, den übersieht man. Wer gerne Recht behält, den überhört man. Wer auf Verdienste pocht, schafft nichts Verdienstvolles. Wer sich hervorhebt, verwirkt den Vorrang.«

(Laotse)

»Dem Neide wirst du entgehen,
wenn du verstehst,
dich im Stillen zu freuen.«

(L. Annaeus Seneca)

»Rache bedeutet das Eingeständnis einer Kränkung.«

(L. Annaeus Seneca)

»Das größte Gegenmittel gegen den Zorn ist Aufschub.«

(L. Annaeus Seneca)

»Jede Rohheit hat ihren Ursprung in einer Schwäche.«

(L. Annaeus Seneca)

»Wer nicht zu sündigen verbietet, obwohl er es könnte, befiehlt es.«

(L. Annaeus Seneca)

»Es sind nicht viele, bei denen die Dankbarkeit länger dauert als das Geschenk.«

(L. Annaeus Seneca)

»Zu spät gibt, wer erst dem Bittenden gibt.«

(L. Annaeus Seneca)

»Die beste Art sich zu rächen, ist die,
nicht Gleiches mit Gleichem zu vergelten.«

(Mark Aurel)

»Wer sündigt, versündigt sich gegen sich selbst;
begangenes Unrecht kehrt sich gegen den Urheber selbst,
indem er sich selbst verschlechtert.«

(Mark Aurel)

»Niemand erklärt einem Kind Gott.«

(Akan – Ghana)

»Wer auf Rache sinnt, der reißt seine eigenen Wunden auf.
Sie würden heilen, wenn er es nicht täte.«

(Francis Bacon)

»Wer die Eitelkeit der Welt nicht sieht, ist selbst sehr eitel.«

(Blaise Pascal)

»Die Verleumdung ist schnell und die Wahrheit langsam.«

(Voltaire)

»Die Beleidigungen sind die Argumente jener,
die über keine Argumente verfügen.«

(Jean-Jacques Rousseau)

»Bei anderen bemitleiden wir nur die Übel,
die wir selbst erfahren haben.«

(Jean-Jacques Rousseau)

»Die Lüge ist immer ein Selbstmord des Geistes.«

(Johann Gottlieb Fichte)

»Der Neid der Menschen zeigt an, wie unglücklich sie sich fühlen,
und ihre beständige Aufmerksamkeit auf fremdes Tun und Lassen,
wie sehr sie sich langweilen.«

(Arthur Schopenhauer)

»Die Menschen sind zu Tadeln aufgelegt,
weil sie sich durch diese indirekt selbst loben.«

(Arthur Schopenhauer)

»Gleichgültigkeit ist die mildeste Form der Intoleranz.«

(Karl Jaspers)

»Gerechtigkeit wird nur dort herrschen, wo sich die vom Unrecht
nicht Betroffenen genauso entrüsten wie die Beleidigten.«

(Platon)

»Ehrenwert ist der Mann, der selbst kein Unrecht tut,
und doppelter und dreifacher Ehre wert,
wenn er auch nicht geschehen lässt, dass andere Unrecht tun.«

(Platon)

»Wenn der Wind des Wandels weht,
bauen die einen Mauern und
die anderen Windmühlen.«

(Chinesisches Sprichwort)

»Wahr aber bleibt, dass die größten Ungerechtigkeiten von denen
ausgehen, die das Übermaß verfolgen, nicht von denen, die die Not
treibt.«

(Aristoteles)

»Die schönste Frucht der Gerechtigkeit ist Seelenfrieden.«

(Epikur)

»Es gibt keine Mittel, die der neidische Mensch nicht unter dem Schein der Gerechtigkeit anwendet, um das Verdienst herabzusetzen.«

(Claude Adrien Helvètius)

»Auf dem Weg gibt es nur einen Feind, und das bist du selbst. Übernimm nicht die unheilvolle Angewohnheit, die Welt in ›Freund‹ und ›Feind‹ aufzuteilen. Mögen alle deine Handlungen auf Freude und Frieden ausgerichtet sein. Nur der Krieger, der den inneren Kampf ausficht, ist ein wirklicher Held. Denn das ist der einzige Krieg, der des Menschen würdig ist.«

(Drukpa Rinpoche)

»Lehre von der Gleichheit ist Ende der Gerechtigkeit.«

(Friedrich Nietzsche)

»Eine über die Gleichheit der Chancen hinausgehende Gleichmachung der Menschen ist die höchste Ungerechtigkeit.«

(Friedrich Jaspers)

»Selbstverständlich stehen wir auf einer höheren Stufe als die Tiere aufgrund unserer Intelligenz und Geisteskraft. Das ist keine Frage. Falls der Rang von Bedeutung ist. Aber im Hinblick auf das Recht zu leben, befinden wir uns natürlich auf derselben Stufe wie die Tiere. Hier sind wir den Tieren gleich.«

(Dalai Lama)

»Fordere viel von dir selbst und erwarte wenig von anderen.«

(Konfuzius)

»Die menschlichen Dramen und die ökologischen Katastrophen haben dieselbe Ursache: Der Mensch hat sich dem Herzen der Natur entfremdet, das auch sein eigenes Herz ist. Indem er das Fühlen der Welt vergessen hat, hat er sich schließlich selbst vergessen. Die Cheyenne der Prärie wussten, dass der Verlust des Respekts, der allen Lebewesen – den Menschen, den Tieren und den Pflanzen – gebührt, unweigerlich dazu führt, dass man auch den Menschen nicht mehr respektiert. Auch stehen dank dieses Respekts die jungen Leute unter dem sanften Einfluss der Natur.«

(Indianische Weisheit)

»Vergiss Kränkungen, doch vergiss Freundlichkeiten nie.«

(Konfuzius)

»Der Mensch hat dreierlei Wege, klug zu handeln; erstens durch Nachdenken, das ist das Edelste, zweitens durch Nachahmen, das ist das Leichteste, und drittens durch Erfahrung, das ist das Bitterste.«

(Konfuzius)

»Wenn du einen Würdigen siehst, dann trachte, ihm nachzueifern. Wenn du einen Unwürdigen siehst, dann prüfe dich in deinem Inneren.«

(Konfuzius)

»Tu nichts im Leben, was dir Angst machen muss, wenn es dein Nächster bemerkt.«

(Epikur)

»Wenn du geliebt werden willst, liebe!«

(L. Annaeus Seneca)

»Konzentriere dich in deinem kurzen Leben auf wesentliche Dinge und lebe mit dir und der Welt in Frieden.«

(*L. Annaeus Seneca*)

»Ergib dich nicht der Stimmung dessen, der dich beleidigt, und folge nicht dem Weg, auf den er dich verführen möchte.«

(*Mark Aurel*)

»Was du erhältst, nimm ohne Stolz an, was du verlierst, gib ohne Trauer auf.«

(*Mark Aurel*)

»Führe jede Tat deines Lebens so aus, als ob sie deine letzte sei.«

(*Mark Aurel*)

»Mache dich von den Vorurteilen los, und du bist gerettet!«

(*Mark Aurel*)

»Denke nicht, dein Heil zu setzen auf ein Tun! Man muss es setzen auf ein Sein.«

(*Meister Eckart*)

»Tue das, wodurch du würdig wirst, glücklich zu sein.«

(*Immanuel Kant*)

»Man bestreite keines Menschen Meinung, sondern bedenke, dass, wenn man alle Absurditäten, die er glaubt, ihm ausreden wollte, man Methusalems Alter erreichen könnte, ohne damit fertig zu werden.«

(*Arthur Schopenhauer*)

»Lernen wir uns freuen, so verlernen wir am besten, anderen weh zu tun.«

(Friedrich Nietzsche)

»Trachte geliebt und nicht bewundert zu werden.«

(Ludwig Wittgenstein)

»Allerwärts klagt der Mensch Natur und Schicksal an, und sein Schicksal ist doch in der Regel nur Nachklang seines Charakters, seiner Leidenschaften, Fehler und Schwächen.«

(Demokrit)

»Den Willigen führt das Schicksal, den Unwilligen reißt es mit.«

(L. Annaeus Seneca)

»Das Bekommen hat seine Zeit, das Verlieren ist der Lauf der Dinge. Wer es versteht, mit der ihm zugemessenen Zeit zufrieden zu sein und sich zu fügen in den Lauf der Dinge, dem vermag Freude und Leid nichts anzuhaben.«

(Chinesische Weisheit)

»Das Schicksal kann Reichtümer, aber nicht den Geist rauben.«

(L. Annaeus Seneca)

»Die Menschen werfen alle ihre Dummheiten auf einen Haufen, konstruieren ein Ungeheuer und nennen es Schicksal.«

(Thomas Hobbes)

»Zufall ist ein Wort ohne Sinn.
Nichts kann ohne Ursachen bestehen.«

(Voltaire)

»Was diese Welt zu einem Jammertal gemacht hat und immer wieder
machen wird, das ist die unersättliche Begierde und der unbezähm-
bare Hochmut der Menschen.«

(Voltaire)

»Wir leben in einer Welt, worin ein Narr viele Narren,
aber ein weiser Mann nur wenige Weise macht.«

(Immanuel Kant)

»Bei gleicher Umgebung lebt doch jeder in einer anderen Welt.«

(Arthur Schopenhauer)

»Nur für die Erbärmlichen ist die Welt erbärmlich,
nur für die Leeren leer.«

(Ludwig Feuerbach)

»Hüte das Leben – alle Formen des Lebens – so wie man sich um einen eben gepflanzten Baum kümmert und ihn vor Sonnenhitze und
Unwetter schützt. Sich so darum zu kümmern, das heißt lieben.«

(Indianische Weisheit)

»In einem Theater brach hinter den Kulissen Feuer aus. Der Pierrot
trat an die Rampe, um das Publikum davon zu unterrichten. Man
glaubte, es sei ein Witz und applaudierte. Er wiederholte seine Mit-

teilung; man jubelte noch mehr. So, denke ich mir, wird die Welt eines Tages untergehen.«

(Sören Kierkegaard)

»Meine Generation weiß, dass sie die Welt nicht neu erbauen wird. Aber vielleicht fällt ihr eine noch größere Aufgabe zu. Sie besteht darin, den Zerfall der Welt zu verhindern.«

(Albert Camus)

»Der Weg war das Ziel.«

(Konfuzius)

»Der Tüchtige sucht kein langes Leben, sondern ein leuchtendes.«

(Platon)

»Wer weiß denn, ob das Leben nicht ein Sterben ist, und Sterben Leben?«

(Platon)

»Erzeugen und ernähren, erzeugen und nicht besitzen, wirken und nicht behalten, mehren und nicht beherrschen: das ist geheimes Leben.«

(Laotse)

»Geboren werden heißt, zu sterben anfangen.«

(Laotse)

»Man kann Weinenden nicht die Tränen abwischen, ohne sich die Hände nass zu machen.«

(Südafrika)

»Nur jene wissen das Leben wahrlich zu schätzen,
die nichts tun, es zu stören.«

(Laotse)

»Schenke Deinen eigenen Fragen nicht zu viel Aufmerksamkeit,
lerne lieber, die vielen Antworten, die Dich umgeben, zu lesen.«

(Jorge A. Livraga)

»Das Leben ist wie eine Rolle auf dem Theater;
es kommt nicht darauf an, dass lange,
sondern dass gut gespielt wird.«

(L. Annaeus Seneca)

»Hat jemand Angst vor Umwandlung? Was kann denn ohne Umwandlung geschehen?…
Du nun selbst, kannst du etwa warm baden, wenn nicht das Holz
(zur Heizung) sich wandelt? Kannst du ernährt werden, wenn sich
die Speisen nicht wandeln? – Siehst du denn nicht, dass auch gerade
die Umwandlung deiner eigenen Person für die Natur des Alls eine
ähnliche Bedeutung hat und gleich notwendig ist?«

(Mark Aurel)

»Gewohnheit heißt die große Lenkerin des Lebens. Daher sollen wir
uns auf alle Weise erstreben, gute Gewohnheiten einzuimpfen.«

(Francis Bacon)

»Die Geburt ist offenbar ein Schwerverbrechen, denn sie wird mit
dem Tod bestraft.«

(Voltaire)

»Leben heißt nicht atmen, sondern handeln.«

(*Jean-Jacques Rousseau*)

»Vom ersten Augenblick des Lebens an muss man lernen,
das Leben zu verdienen.«

(*Jean-Jacques Rousseau*)

»Leben ist ewiger Unterricht in Ursache und Wirkung.«

(*Ralph Waldo Emerson*)

»Niemand hat vom Leben etwas Ordentliches gelernt,
solange er nicht weiß, dass jeden Tag Gerichtstag ist.«

(*Ralph Waldo Emerson*)

»Das Leben kann nur rückblickend verstanden werden.
Es muss aber vorausschauend gelebt werden.«

(*Sören Kierkegaard*)

»Viele Menschen ziehen ihre Schlüsse über das Leben wie Schul-
knaben; sie betrügen ihre Lehrer, indem sie die Antworten aus
einem Buch abschreiben, ohne die Addition selbst ausgerechnet zu
haben.«

(*Sören Kierkegaard*)

»Mit dem Leben fertig werden, ehe das Leben mit einem fertig wird,
heißt ja gerade, nicht mit der Aufgabe fertig werden.«

(*Sören Kierkegaard*)

»Das ist ja gerade der Ernst unseres Daseins, dass die Stimme, die uns auf den rechten Weg ruft, sehr leise spricht, während tausend laute Stimmen in und außer uns genau das Gegenteil behaupten.«

(Sören Kierkegaard)

»Das beste Mittel, jeden Tag gut zu beginnen, ist, beim Erwachen daran zu denken, ob man nicht wenigstens einem Menschen an diesem Tag eine Freude machen könnte.«

(Friedrich Nietzsche)

»Kämpfe um die Freiheit, zu lieben, ohne Verlangen, ohne Unruhe. Dann wirst du die Güte der Liebe erkennen, die auch der Geist von Unschuld ist, die erste Emotion, das stärkste Licht.«

(Indianische Weisheit)

»Wesentliche Lebensaufgabe: das Leben jeden Tag von neuem zu beginnen, als wäre dieser Tag der erste – und doch alle Vergangenheit, mit all ihren Resultaten und unvergesslichen Gewesenheiten darin zu sammeln und zur Voraussetzung zu haben.«

(Georg Simmel)

»Das größte Risiko auf Erden laufen Menschen, die nie das kleine Risiko eingehen wollen.«

(Bertrand Russell)

»Man sollte eigentliche im Leben niemals die gleiche Dummheit zweimal machen, denn die Auswahl ist ja groß genug.«

(Bertrand Russell)

»Liebet die Tiere! Gott hat ihnen die Uranfänge des Denkens und eine ungetrübte Freude gegeben. Die stört ihnen nicht, quält sie nicht und nehmt ihnen nicht die Freude.«

(Fjodor Dostojewski)

»Es gibt ein Geheimnis der Liebe. Diejenigen, die sich lieben, erfahren in ihren Herzen die Anziehungskraft der Sterne, das Feuer der Sonnen, den Anfang und das Ende der Welten. Sie sterben und werden im selben Körper wiedergeboren.«

(Drukpa Rinpoche)

»Dieses brüchige Leben zwischen Geburt und Tod kann eine Erfüllung sein, wenn es eine Zwiesprache ist.«

(Martin Buber)

»Nicht die Angst um die Dauer, sondern um den Sinn unseres individuellen Lebens führt zur Verzweiflung.«

(Oswald Spengler)

»Wenn alle wissenschaftlichen Probleme gelöst sind, ist noch kein einziges Lebensproblem gelöst.«

(Ludwig Wittgenstein)

»Das Leben verlieren ist keine große Sache; aber zusehen, wie der Sinn des Lebens aufgelöst wird, das ist unerträglich.«

(Albert Camus)

»Die wahre Freiheit wird nämlich nicht durch Befriedigung aller Wünsche erreicht, sondern durch Ausrottung der Begierde.«

(Epiktet)

»Die Freiheit des Menschen liegt nicht darin, dass er tun kann, was er will, sondern dass er nicht tun muss, was er nicht will.«

(Jean-Jacques Rousseau)

»Ein freier Mensch ist nicht neidisch.«

(G. W. Friedrich Hegel)

»Freiheit: der Zwang, sich zu entscheiden.«

(Josè Ortega y Gasset)

»Es darf keine Freiheit geben zur Zerstörung der Freiheit.«

(Karl Jaspers)

»Ich kann meine Freiheit nicht zum Ziel nehmen, wenn ich nicht zugleich die Freiheit der anderen zum Ziel nehme.«

(Jean-Paul Sartre)

»Die Freiheit besteht in erster Linie nicht aus Privilegien, sondern aus Pflichten. Freiheit ist ein Gut, das durch Gebrauch wächst, durch Nichtgebrauch dahinschwindet.«

(Carl Friedrich v. Weizsäcker)

»Es gibt keine Freiheit ohne gegenseitiges Verständnis.«

(Albert Camus)

»Wer nur grobe Nahrung, Wasser zum Trinken und einen gebeugten Arm als Kissen braucht, wird das Glück finden, ohne danach gesucht zu haben.«

(Konfuzius)

»Das Glück wohnt nicht im Besitz und nicht im Golde, das Glücksgefühl ist in der Seele zu Hause.«

(Demokrit)

»Nimm nimm nimm
‹Schon alles wissen›
weiß nichts.«

(Akan – Ghana)

»Der Geist, der sich gewöhnt, seine Freuden aus sich selbst zu schöpfen, ist glücklich.«

(Demokrit)

»Man muss gleichzeitig lachen und philosophieren und sein Haus verwalten.«

(Epikur)

»Wenn du einen Menschen glücklich machen willst, dann füge nichts seinen Reichtümern hinzu, sondern nimm ihm einige von seinen Wünschen.«

(Epikur)

»Das Bewusstsein eines wohl verbrachten Lebens und die Erinnerung vieler guter Taten sind das größte Glück auf Erden.«

(Marcus Tullius Cicero)

»Glücklich leben und naturgemäß leben ist eins.«

(L. Annaeus Seneca)

»Das höchste Gut ist die Harmonie der Seele mit sich selbst.«

(L. Annaeus Seneca)

»Fließendes Wasser ist von besonderer Art. Ehe es eine Vertiefung ausgefüllt hat, geht es nicht weiter. Der Weise steckt sich dasselbe Ziel bei der Erkenntnis der Wahrheit. Ehe er auf einer Stufe volle Meisterschaft erreicht, geht er nicht weiter.«

(Chinesische Weisheit)

»Nichts entreißt das Glück, was es nicht (zuvor) gegeben hat.«

(L. Annaeus Seneca)

»Glücklich zu leben wünscht jedermann; aber die Grundlagen des Glücks erkennt fast niemand.«

(L. Annaeus Seneca)

»Halte nie einen für glücklich, der von äußeren Dingen abhängt.«

(L. Annaeus Seneca)

»Jeder ist in dem Grade unglücklich, als er es zu sein glaubt.«

(L. Annaeus Seneca)

»Das Glück deines Lebens hängt von der Beschaffenheit deiner Gedanken ab.«

(Mark Aurel)

»Vergiss nicht: man benötigt nur wenig, um ein glückliches Leben zu führen!«

(*Mark Aurel*)

»Der Mensch wird durch das Leid erst gehärtet, um das Glück ertragen zu können; so wie der Ton im Feuer gebrannt wird, um Wasser fassen zu können.«

(*Aurelius Augustinus*)

»Wahrlich, nur das ist elend, was du selbst dafür hältst, und jedes Los ist ein glückliches für den, der es mit Seelenruhe auf sich nimmt.«

(*Anicius Boethius*)

»Die Menschen suchen ihr Glück, ohne zu wissen, auf welche Art sie es finden können: wie Betrunkene ihr Haus suchen, im unklaren Bewusstsein, eines zu haben.«

(*Voltaire*)

»Niemand kann mich zwingen, auf seine Art glücklich zu sein.«

(*Immanuel Kant*)

»Neun Zehntel unseres Glücks allein beruhen auf der Gesundheit.«

(*Arthur Schopenhauer*)

»Der meiste Schatten in unserem Leben rührt daher, dass wir uns selbst in der Sonne stehen.«

(*Ralph Waldo Emerson*)

»Deine erste Pflicht ist, dich selbst glücklich zu machen. Bist du glücklich, so machst du auch andere glücklich. Der Glückliche kann nur Glückliche um sich sehen.«

(Ludwig Feuerbach)

»Das Vergleichen ist das Ende des Glücks und der Anfang der Unzufriedenheit.«

(Sören Kierkegaard)

»Alles, was die Menschen mit Opfer an Glück verteidigt haben, ist nichts als Irrtum.«

(Friedrich Nietzsche)

»Meister Kongzi wurde gefragt, was Schande sei. Er sprach: ›Ist ein Land auf rechter Bahn, so habe man sein Einkommen. Ist ein Land nicht auf rechter Bahn, und man genießt dennoch ein amtliches Einkommen: das ist Schande‹.«

(KONGZI/Chinesische Weisheiten)

»Ein glückliches Leben muss zum größten Teil ein ruhiges Leben sein, denn wahre Freude kann nur in ruhiger Atmosphäre gedeihen.«

(Bertrand Russell)

»Der Erfolg ist und bleibt nur ein Einzelbestandteil des Glücks, und wenn alle übrigen Glücksmomente ihm aufgeopfert werden müssen, ist er zu teuer erkauft.«

(Bertrand Russell)

»Glück und Erfolg werden einem nur vergeben, wenn man großmütig einwilligt, beide zu teilen.«

(Albert Camus)

»Wir wissen noch nichts vom Leben, wie könnten wir etwas über den Tod wissen?«

(Konfuzius)

»Lasst uns guten Muts sein in Bezug auf den Tod, da das kein Übel für uns sein kann, was das natürliche Gesetz der Götter, die über das Wohl der Menschen walten, zu unserem Besten so eingesetzt hat.«

(Platon)

»Wir sollten das Leben verlassen wie ein Bankett: weder durstig noch betrunken.«

(Aristoteles)

»Dem anderen gegenüber ist es möglich, sich Sicherheit zu verschaffen, aber im Hinblick auf den Tod bewohnen wir Menschen alle eine Stadt ohne Mauern.«

(Epikur)

»Ist das Sterben ein Unglück, so müsste es auch ein Unglück sein, vorher nicht da zu sein.«

(L. Annaeus Seneca)

»Wer vom Äußeren unbeeindruckt bleibt, findet die Stille in sich. Wer keine Furcht mehr kennt, für den gibt es nichts Äußeres mehr.«

(Chao-Hsiu Chen)

»Kinder, junge Leute und Verrückte fürchten den Tod nicht. Es wäre doch eine Schande, wenn uns die Vernunft nicht dasselbe verschaffen könnte.«

(L. Annaeus Seneca)

»Der höchste Weg ist gar nicht schwer,
nur abhold wählerischer Wahl.
Allein wenn du nicht hasst noch liebst,
ist alles klar und durchsichtig.
Doch weichst du um Haaresbreite ab,
klaffen Himmel und Erde auseinander.«

(Sengcan)

»Der, den du verloren zu haben glaubst, ist nur vorausgegangen. Ist es nicht unsinnig, den zu beweinen, der schon am Ziele angekommen ist, wenn man denselben Weg noch vor sich hat?«

(L. Annaeus Seneca)

»Wenn du beim Sterben gelebt zu haben wünschst,
so solltest du schon jetzt leben.«

(Mark Aurel)

»Wer die Menschen lehren würde zu sterben,
der würde sie lehren zu leben.«

(Michel Montaigne)

»Glücklich ist der, der stirbt, bevor er den Tod gerufen hat.«

(Francis Bacon)

»Den Tod fürchten die am wenigsten,
deren Leben den meisten Wert hat.«

(Immanuel Kant)

»Die Bäume in den Städten sind abgetrennte Wesen, die man stutzt und nach unserem Belieben anordnet, als seien sie unsere Untertanen, unsere Objekte, unsere Haustiere. Siehst du auf einem Platz oder am Straßenrand einen verlorenen, vergessenen Baum, dann bitte ihn um Verzeihung für den Schmerz, den man ihm zufügt.«

(Indianische Weisheit)

»Wahrscheinlich ist keine Menschheit je dem Tode gegenüber so ratlos gewesen wie die heutige.«

(Carl Friedrich v. Weizsäcker)

»Die Angst vor dem Tod ist eine unbestreitbare Tatsache. Aber ebenso unbestreitbar ist, dass diese Angst, und mag sie noch so groß sein, noch nie stark genug war, um die Leidenschaft der Menschen einzudämmen.«

(Albert Camus)

»Konzentriere deinen Geist jeweils nur auf eine einzige Sache, meide die Zerstreuung. Sammle deinen Willen in einer Nadelspitze, und du wirst das Hindernis durchdringen.«

(Tibetische Weisheit)

»Wir sind ein Teil der Erde und sie ist ein Teil von uns.«

(Chief Seattle)

»Die Liebe existiert nicht außerhalb deiner selbst, auch wenn du sie außerhalb von dir suchst. Sie wohnt in den Geheimnissen deines Herzens – du hast bloß den Schlüssel verloren.«

(Drukpa Rinpoche)

»Ihr wisst etwas von Atombomben und internationalen Konflikten. Von Völkern wisst Ihr, die um Heim und Leben zu schützen sich Regierungen wählten und dann haben sie ihr Heim zu verlassen und ihr Leben zu geben um diese Regierungen zu schützen. Millionen junger Menschen, die nicht kämpfen wollen bekämpfen Millionen anderer junger Menschen, die ebenfalls nicht kämpfen wollen. Und die Errungenschaften der Wissenschaft scheinen zu keinem anderen Zweck errungen zu sein als um all dies Errungene wieder zu zerstören. Das ist die Welt von heute.«

(Heinz Rühmann, Film »Dr. med. Hiob Prätorius«)

»Wenn es uns gelingt ein Serum gegen die Dummheit zu finden, diese entsetzlichste aller ansteckenden Krankheiten, dann wird es im Nu keinen Hass und keine Kriege mehr geben, und an die Stelle der internationalen Diplomatie wird der gesunde Menschenverstand treten. Die Dummheit...tot... welch phantastische Perspektive.«

(Heinz Rühmann, Film »Dr. med. Hiob Prätorius«)

»Der Mutige lebt vielleicht kurz
Der Ängstliche lebt überhaupt nicht.«

(unbekannt)

»Mut ist nicht das Fehlen von Angst, sondern das Erkennen, dass es etwas Wichtigeres gibt als Angst.«

(unbekannt)

»Wende dich nicht von alltäglichen Aktivitäten ab, wenn du den edelsten aller Siege davontragen willst: den Sieg über dich selbst.«
(Tibetische Weisheit)

»Der Mensch müht sich ab, das Leben außerhalb seiner zu finden, und ahnt nicht, dass das Leben, das er sucht, in ihm selber ist.«
(Khalil Gibran)

»Mit allen Kreaturen bin ich in schönster Seelenharmonie.
Wir sind verwandt, ich fühle es und darum liebe ich sie.«
(Wilhelm Busch)

»Unser Leben ist keine Generalprobe.«
(unbekannt)

»Wenn Sie eine hilfreiche Hand suchen,
schauen Sie zuerst am Ende Ihrer Arme nach.«
(unbekannt)

»›Keine Zeit‹ – gibt es nicht.
Nur andere Prioritäten.«
(Michael Denk)

»Meide nicht die guten Taten, nur weil sie nicht beachtet werden.
Doch meide die schlechten Taten, auch wenn sie nicht beachtet werden.«
(Chao-Hsiu Chen)

»Die Herrschaft über den Augenblick ist die Herrschaft über das Leben.«

(Marie von Ebner-Eschenbach)

»Frei ist der Anfang und frei ist das Ende;
was dazwischen liegt ist notwendig.«

(Wilhelm Busch)

»Zwei Gäste sind es, die Du stets bewirtest:
deinen Leib und deine Seele.
Was Du dem Leib bietest, gibst Du bald wieder her.
Was Du aber der Seele bietest, behältst Du für immer.«

(Epiktet)

»Gutes Handeln macht alle Menschen fröhlich.«

(Buddha)

»Je unabhängiger du im Geiste sein willst,
desto unabhängiger mache den Leib von Bedürfnissen.
Je stärker und mächtiger du deine Seele wünschest,
desto stärker und mächtiger mache den Leib.«

(Ernst Moritz Arndt)

»Die Seele kommt alt zur Welt, aber sie wächst und wird jung.
Das ist die Komödie des Lebens.
Der Leib kommt jung zur Welt und wird alt.
Das ist die Tragödie unseres Daseins.«

(Oscar Wilde)

»Leiden und Schmerz sind immer Voraussetzung umfassender Erkenntnis und eines tiefen Herzens. Mir scheint, wahrhaft große Menschen müssen auf Erden eine große Trauer empfinden.«

(Fjodor Dostojewski)

»Lerne, das Universum vom winzigsten Insekt bis zu den Gestirnen zu lieben, mit wahrhaft menschlichen Empfindungen, als handle es sich um Personen, die dir nahe stehen. Dann wirst du die Intensität der von allen Zwängen befreiten Liebe empfinden und die Ewigkeit wird sich auf dich herabsenken und dich mit ihren goldenen Flügeln bedecken.«

(Indianische Weisheit)

»So muss man leben, immer so die kleinen Freuden aufpicken,
bis das große Glück kommt.
Ja, wenn es bloß kommt.
Und wenn es nicht kommt, dann hat man wenigstens die kleinen Glücke gehabt.«

(Theodor Fontane)

»Wenn wir von Glück oder Unglück sprechen, so täuschen wir uns stets, weil wir nach den Verhältnissen, nicht nach den Personen urteilen. Eine Lage ist nie unglücklich, wenn man Gefallen an ihr findet, und wenn wir von einem Menschen sagen, er sei unglücklich in seiner Lage, so meint dies nichts anderes, als dass wir unglücklich wären, wenn wir bei unserer organischen Beschaffenheit an seiner Stelle wären.«

(Montesquieu)

»Je glücklicher wir einen anderen machen, umso glücklicher werden wir selbst.«

(Ludwig Feuerbach)

»Die Liebe besitzt nicht, noch will sie Besitz sein.
Denn der Liebe ist die Liebe genug.«

(Khalil Gibran)

»Einen Tag lang ungestört in Muße zu verleben,
heißt einen Tag lang ein Unsterblicher zu sein.«

(aus China)

»Mit einer Unze Gold kann man keine Unze Zeit kaufen.«

(aus China)

»Vergangene Liebe ist bloß Erinnerung
Zukünftige Liebe ist ein Traum und ein Wunsch.
Nur in der Gegenwart, im Hier und Heute,
können wir wirklich lieben.«

(Buddha)

»Tadle nicht den Fluss, wenn du ins Wasser fällst.«

(aus Asien)

»Die größte Offenbarung ist die Stille.«

(Laotse)

»Wer sündigt, versündigt sich an sich selbst;
denn durch die unrechte Handlung macht er sich selbst schlecht
und schadet sich also selbst.«

(Mark Aurel)

»Die Ruhe ist die natürlichste Stimmung eines wohlgeregelten, mit sich selbst einigen Herzens.«

(Wilhelm von Humboldt)

»Wenn man die Ruhe nicht in sich selbst findet, ist es umsonst, sie anderswo zu suchen.«

(La Rochefoucauld)

»Nenne dich nicht arm, weil Deine Träume nicht in Erfüllung gegangen sind; wirklich arm ist nur, der nie geträumt hat.«

(Marie von Ebner-Eschenbach)

»Wahre Ruhe ist nicht Mangel an Bewegung, sie ist Gleichgewicht der Bewegungen.«

(Ernst von Feuchtersleben)

»Wer andere besiegt ist stark. Wer sich selbst besiegt hat Macht.«

(Lao Tse)

»Eine Wissenschaft, eine Kunst oder eine Philosophie, die ohne menschliche Gefühle, ohne Sinn für die Geschichte gestaltet wird, die weder auf Liebe zur Menschheit noch auf einer ernsten Suche nach menschlichen Werten aufbaut, ist keine Wissenschaft, keine Philosophie und keine Kunst.«

(Jorge A. Livraga)

»Der Mensch rühmt sich seiner Zerstörungsmacht,
um seine eigene Impotenz als Mensch zu verstecken.«

(Erich Fromm)

»Du wirst aufhören zu fürchten,
wenn Du aufhörst zu hoffen.«

(Seneca)

»Einsamkeit ist für den Geist, was Fasten für den Körper,
tödlich, wenn sie zu lange dauert, und doch notwendig«

(Vauvenargues)

»Ein Hauptstudium der Jugend sollte sein, die Einsamkeit ertragen
zu lernen, weil sie eine Quelle des Glücks und der Gemütsruhe
ist.«

(Arthur Schopenhauer)

»Was ist Leben? Es ist der Atem eines Bisons im Winter. Es ist der
kleine Schatten, der in den Gräsern wandert und sich bei Sonnenuntergang verliert. Es ist das Funkeln eines Glühwürmchens in der
Nacht.«

(Chief Crowfoot)

»Viel Kälte ist unter den Menschen,
weil wir es nicht wagen,
uns so herzlich zu geben, wie wir sind.«

(Albert Schweitzer)

122

»Um gegen Unruhe und Überdruss anzukämpfen, schau dir die Kinder an. Sie sind die Spontaneität, die Aufrichtigkeit, die Unschuld, die du verloren hast. Steige herab vom Pferd deiner Erwachsenenrolle, lerne, an ihren Spielen teilzuhaben, ihre Emotionen zu erleben – und du wirst sehen, wie deine Augen zu leuchten beginnen und die Dinge wieder neu werden.«

(Drukpa Rinpoche)

»Der Jugend wird oft der Vorwurf gemacht, sie glaube, dass die Welt ihr erst anfange. Aber das Alter glaubt noch öfter, dass mit ihm die Welt aufhöre.«

(Friedrich Hebbel)

»Lernt man die Leiden der Natur kennen, so verachtet man den Tod. Lernt man die Leiden der Gesellschaft kennen, so verachtet man das Leben.«

(Chamfort)

»Die Angst vor dem Tod wächst mit dem Gefühl, nicht richtig lebendig gewesen zu sein, das heißt ein Leben geführt zu haben, das ohne Freude und Sinn war.
Ein Mensch, der wirklich lebendig ist, hat keine Angst vor dem Tod, weil er seine Identität in seinem Sein und seiner inneren Aktivität findet.«

(Erich Fromm)

»Den Tod fürchten, ist nicht anders als sich weise
zu dünken und es doch nicht sein.
Denn es heißt, sich ein Wissen einzubilden, das man nicht hat.«

(Platon)

»Wer weiß, was ihn zufrieden macht,
ist noch lange nicht zufrieden.
Wer nicht nach etwas sucht,
was ihn zufrieden macht,
wird zufrieden sein.«

(Chao-Hsiu Chen)

»Einem Blinden kann man nicht den Anblick eines Kunstwerkes
verschaffen. Einem Tauben kann man nicht die Klänge von Musik
vernehmbar machen.
Es gibt aber nicht nur leiblich Blinde und Taube, sondern es gibt
auch solche, die es an Erkenntnis sind.«

(Zhuangzi)

»Die Sterblichkeit gibt der Welt ihren Qualitätsmaßstab.
Wäre Beethoven unsterblich gewesen, hätte es Hunderte von Sym-
phonien gegeben, sich unendlich wiederholend, die sich schließlich
sogar in ihrem Ausmaß an Mittelmäßigkeit nicht mehr voneinander
unterschieden hätten.«

(Peter Ustinov)

»Leben muß man das ganze Leben hindurch lernen,
und worüber du dich vielleicht noch mehr wundern wirst,
man muss im ganzen Leben sterben lernen.«

(Seneca)

»Unsere Aufgabe ist es, uns selbst zu befreien, indem wir die Sphäre
des Mitleids auf alle Lebewesen ausdehnen.«

(Albert Einstein)

»Es hat derjenige Erfolg erzielt ...
der gut gelebt hat, oft lachte und viel liebte;
Der sich den Respekt von intelligenten Männern verdiente
und die Liebe von kleinen Kindern;
Der eine Lücke gefunden hat, die er mit seinem Leben gefüllt hat,
und der seine Aufgabe erfüllte;
Ob entweder durch schöne Blumen, die er züchtete,
ein vollendetes Gedicht, oder eine gerettete Seele;
Dem es nie an Dankbarkeit fehlte und
der die Schönheit unserer Erde zu schätzen wusste,
und der nie versäumte, dies auszudrücken;
Der immer das Beste in anderen sah und stets sein Bestes gab;
Dessen Leben eine Inspiration war und die Erinnerung an ihn ein
Segen.«

(Bessie A. Stanley)

»Zukunft, das ist die Zeit, in der du bereust,
dass du das, was du heute tun könntest, nicht getan hast.«

(Arthur Lassen)

»Mehr als die Vergangenheit interessiert mich die Zukunft,
denn in ihr gedenke ich zu leben.«

(Albert Einstein)

»Das echte Gefühl ist wie der Fluss, der im Sonnenschein dahin fließt
und später mit demselben freudigen Murmeln die Dunkelheit der
Nacht durchquert.«

(Weisheit der Cheyenne)

»Der archimedische Punkt,
von dem aus ich an meinem Ort die Welt bewegen kann,
ist die Wandlung meiner selbst.«

(Martin Buber)

»Trenne dich nicht von Erinnerungen, meditiere gelegentlich über
sie, ohne den Eindruck des Exils, das Gefühl der Nostalgie zu fürchten. Sei nicht erstaunt über die Zeit, die verrinnt. Betrachte sie wie
einen Fluss, der zu seiner Quelle zurückkehrt. Es gibt kein anderes
Gesetz.«

(Indianische Weisheit)

»Es ging mir auf, dass ein Mann der Wahrheit
auch zugleich ein Mann der Sorgfalt sein muss.«

(Mahatma Gandhi)

»Geh Wege, die noch niemand ging, damit du Spuren hinterlässt.«

(Albert Schweitzer)

»Der Fanatismus ist die einzige ›Willensstärke‹,
zu der auch die Schwachen und Unsicheren gebracht werden können.«

(Friedrich Nietzsche)

»Voraussetzung für das Glück ist das Annehmen anderer,
die Schlichtheit des Herzens und die Fähigkeit
des Geistes zu staunen.«

(Tibetische Weisheit)

»Das Geheimnis der Erziehungskunst
ist der Respekt vor dem Schüler.«

(Ralph Waldo Emerson)

»Es ist nicht wenig Zeit, die wir haben,
sondern es ist viel Zeit, die wir nicht nutzen.«

(Seneca)

»Ich glaube, dass alle Menschen, die das Böse in der Welt verurteilen,
auch verstehen müssen, dass dieses Böse ohne ihre eigene Mitschuld
nicht existieren könnte.«

(Arthur Miller)

»Wenn über deinem Leben ein Licht leuchten soll,
dann vergiss niemals den Teil der Kindheit, der in dir steckt.«

(Drukpa Rinpoche)

»Glückliche Sklaven sind die erbittertsten Feinde der Freiheit!«

(Marie von Ebner-Eschenbach)

»Wenn die Leute jemanden zu einer Dummheit verleiten wollen,
dann sagen sie: Sei doch vernünftig!«

(Arthur Miller)

»Der Mensch besieht sein Spiegelbild nicht im fließenden Wasser,
sondern im stillen Wasser«.

(Chinesische Weisheit)

»Es ist mein auf Erfahrung begründeter Glaube, dass, wenn man nur reinen Herzens ist, das Unglück in seinem Verlauf immer auch zugleich Menschen und Mittel mit sich bringt, es zu bekämpfen.«

(Mahatma Gandhi)

»Sorge dafür, dass das kommt, was du liebst, sonst musst du lieben, was da kommt.«

(Bernhard F. Freitag)

»Europäer haben Uhren; Afrikaner haben Zeit.«

(aus Uganda)

»Alle Geschöpfe der Erde fühlen wie wir, alle Geschöpfe streben nach Glück wie wir. Also sind sie uns gleichgestellte Werke des allmächtigen Schöpfers, unsere Brüder.«

(Franz von Assisi)

»Du willst Gutes tun? Dann tue es! Achte dabei nicht auf Anerkennung, auf Belohnung und auf Dank! Wenn du Gutes tust, tue es wegen seiner selbst. Und du wirst Anerkennung und Belohnung und Dank erlangen, ohne es zu ahnen.«

(Chao-Hsiu Chen)

»Willst du glücklich sein, dann verzichte auf unnütze Geschäftigkeit, auf leere Worte, auf die Hast, die nichts ist als eine unglückselige Flucht. Halte inne, beruhige deinen Geist, lausche deinem Leben.«

(Drukpa Rinpoche)

»Misstrauen ist ein Zeichen von Schwäche.«

(Mahatma Gandhi)

»Wenn du ein Tier streichelst, dann nimmst du seinen Geist auf und teilst ihm den deinen mit. Die Liebe erlaubt diesen geheimnisvollen Kontakt der Seelen.«

(Indianische Weisheit)

»Ich hatte bereits die Erfahrung gemacht, dass man einer Sache, die an sich unpolitisch ist, nur nützt, wenn man sie in einem unpolitischen Rahmen hält, selbst wenn das letzte Ziel, dem man damit dient, politischen Charakter hat.«

(Mahatma Gandhi)

»Man kann nicht in die Zukunft schauen,
aber man kann den Grund für etwas Zukünftiges legen
– denn Zukunft kann man bauen.«

(Antoine de St. Exupéry)

»Fürst Ai fragte und sprach:
›Was ist zu tun, damit das Volk fügsam wird?‹
Meister Kongzi entgegnete und sprach:
›Die Geraden erheben, dass sie auf die Verdrehten drücken: so fügt sich das Volk. Die Verdrehten erheben, dass sie auf die Geraden drücken: so fügt sich das Volk nicht‹.«

(KONGZI/Chinesische Weisheit)

»Wenn wir den Menschen so nehmen, wie er ist,
dann machen wir ihn schlechter.
Wenn wir ihn aber so nehmen, wie er sein soll,
dann machen wir ihn zu dem, der er werden kann.«

(Johann Wolfgang v. Goethe)

»Und ich darf ohne das geringste Bedenken, wenngleich in aller Demut, sagen, dass die, die da behaupten, Religion habe nichts mit Politik zu tun, nicht wissen, was Religion heißt...
Woraus denn ersichtlich wird, dass es für mich keine Politik gibt, die nicht zugleich Religion wäre. Politik dient der Religion.
Politik ohne Religion ist eine Menschenfalle, denn sie tötet die Seele.«

(Mahatma Gandhi)

»Verliere nie die Unschuld und die Verletzlichkeit des Herzens.«

(Indianische Weisheit)

»... dem Menschen im Gegensatz zum Tier kein Instinkt sagt, was er muss, und im Gegensatz zum Menschen in früheren Zeiten sagt ihm keiner, was er soll – und nun scheint er nicht mehr recht zu wissen, was er eigentlich will.«

(Viktor Frankl, »Grund für den Verlust des Lebenssinns«)

»Wer weiß, der fragt.
Der Unwissende hingegen weiß nicht einmal, was er fragen soll.«

(Indisches Sprichwort)

»Ausreden sind Worte, die von dem Versager in uns kommen.«

(unbekannt)

»Verändert euch selbst, dann verändert sich die Gesellschaft.«

(Benjamin Franklin)

»Tu das Notwendigste, dann das Mögliche,
und dann plötzlich schaffst du das Unmögliche.«

(Franz von Assisi)

»Nichts wird so oft unwiederbringlich versäumt
wie eine Gelegenheit, die sich täglich bietet.«

(Maria von Ebner-Eschenbach)

»Gott wünscht, dass wir den Tieren beistehen, wenn sie der Hilfe
bedürfen. Ein jedes Wesen in Bedrängnis hat gleiche Rechte auf
Schutz.«

(Franz von Assisi)

»Visionen ohne Aktionen sind Halluzinationen.«

(Carsten Maschmeyer,
Gründer und Vorstandsvorsitzender, AWD)

»Wenn man in den Grundsätzen nicht übereinstimmt,
kann man einander keine Ratschläge geben.«

(Chinesische Weisheit)

»Es gibt keine Vergebung, es gibt nur Reue.«

(Jorge A. Livraga)

»Gut sein ist edel.
Andere lehren, gut zu sein, ist noch edler.«

(Mark Twain)

»Ich habe immer gefunden, dass viel erreicht werden kann,
wenn der Dienende wirklich dient und den Leuten nicht befiehlt.
Wenn der Dienende selbst Arbeit auf sich nimmt,
werden andere in seine Fußstapfen treten.«

(Mahatma Gandhi)

»Der Ausgangspunkt für die großartigsten Unternehmungen
liegt oft in kaum wahrnehmbaren Gelegenheiten.«

(Demosthenes, 384–322 v. Chr.)

»Wer sich nicht selbst helfen will, dem kann niemand helfen.«

(Johann Heinrich Pestalozzi)

»Wer glaubt, ganz oben zu sein,
ist schon auf dem Weg nach unten.«

(Placido Domingo)

»Betrachte den Geist der Kindlichkeit, der nichts Kindisches hat,
als einen Meister, einen einfühlsamen Führer, eine heilende Quelle.«

(Drukpa Rinpoche)

»Über Nacht wird man nur dann berühmt,
wenn man tagsüber hart gearbeitet hat.«

(Howard Carpendale)

»Ein kluger Mann schafft sich mehr Gelegenheiten,
als er vorfindet.«

(Francis Bacon)

»Wenige Menschen denken, und doch wollen alle entscheiden.«
(König Friedrich II. »Der Große«, 1874–1786)

»Der Glaube an Vorurteile gilt in der Welt als gesunder Menschenverstand.«
(Helvétius Claude Adrien, 1715–1771)

»Man ist nicht Mensch, weil man geboren ist,
man muss Mensch werden.«
(Oskar Kokoschka)

»Change it, leave it, or love it.«
(eine andere Möglichkeit gibt es nicht)
(unbekannt)

»Ein kluger Gedanke hat's schwer, sich durchzusetzen,
aber Narrheiten breiten sich aus wie Steppenbrände.«
(Richard Drews)

»Die Güte des Menschen wäre nicht echt, würde sie sich nicht auch auf das lebendige Tier, den wehenden Wind, die sprießende Pflanze erstrecken. Zielt die Güte nur auf den Menschen, dann ist sie oft nur Ausdruck von Egoismus und Lebensverachtung. Finde zurück ins Zentrum der Dinge, die dich umgeben, und höre, wie es lebt, wie es im geheimnisvollen Rhythmus des Universums pulsiert. Dann findest du deinen Weg des Herzens.«
(Indianische Weisheit)

»Wer sich entschieden hat, etwas zu tun,
und an nichts anderes denkt, überwindet alle Hindernisse.«

(Giacomo Girolamo Casanova, 1725–1798)

»Einen Vorsprung im Leben hat, wer da anpackt,
wo die anderen erst einmal reden.«

(John F. Kennedy)

»Wer nicht handelt, wird behandelt.«

*(Rainer Barzel, deutscher
Bundestagspräsident, 1924 bis 2006)*

»Verschwendete Zeit ist Dasein;
nutzbringend verbrachte Zeit ist Leben.«

(Edward Young, 1683 bis 1765)

»Wenn es ein Geheimnis des Erfolges gibt, so ist es das:
Den Standpunkt des anderen verstehen und
die Dinge mit seinen Augen zu betrachten.«

(Henry Ford)

»Wer nicht an die Zukunft denkt, wird keine haben.«

(John Galsworthy, 1867–1933)

»Wer die Menschen ruinieren will,
braucht ihnen nur alles zu erlauben.«

(Kaiser Napoléon I. Bonaparte, 1769–1821)

»Wer hohe Türme bauen will, muss lange beim Fundament verweilen.«

(Anton Bruckner, 1824 bis 1896)

»Ich glaube, dass der Mensch, da ihm nicht gegeben ist,
etwas zu erschaffen, nicht das Recht hat,
auch nur die kleinste Kreatur, die da lebt, zu zerstören.«

(Mahatma Gandhi)

»Tausende von Kerzen kann man am Licht einer Kerze anzünden,
ohne dass ihr Licht schwächer wird. Freude nimmt nicht ab, wenn
sie geteilt wird.«

(Buddha)

»Wenn du sitzt, dann sitze, wenn du gehst, dann gehe,
wenn du arbeitest, dann arbeite. Das ist alles, das ist Zen.«

(Zenweisheit)

»Wer vom Glück immer nur träumt,
darf sich nicht wundern, wenn er es verschläft.«

(Ernst Deutsch, 1890–1969)

»In der Politik ist es manchmal wie in der Grammatik:
Ein Fehler, den alle begehen, wird
schließlich als Regel anerkannt.«

(André Malraux, 1901–1976)

»Menschen stolpern über Steine, nicht über Berge.«

(unbekannt)

»Lerne deinen Lauf zu bremsen, deine Kräfte zu sammeln,
deine Verwirrung zu beherrschen, deine Zerstreutheit zu beruhigen.«
(Indianische Weisheit)

»Zum Erfolg gibt es keinen Lift, man muss die Treppe benutzen.«
(E. Oesch)

»Der wichtigste Tag meines Lebens heißt immer wieder HEUTE.«
(Rainer Haak)

»Für den Fleißigen hat die Woche sieben Heute,
für den Faulen sieben Morgen.«
(deutsches Sprichwort)

»Ein guter Vorsatz ist ein Startschuss, dem meist kein Rennen folgt.«
(unbekannt)

»Lernen ist wie Rudern gegen den Strom, wer aufhört, treibt zurück.«
(unbekannt)

»Sie können ein Vermögen machen oder Entschuldigungen
erfinden – sie können nur nicht beides zur gleichen Zeit.«
(Benjamin Britten)

»Halte nicht an deinen bösen Gedanken, deinen Gefühlen des Zorns,
der Furcht oder der Schuld fest. Betrachte sie wie vorüberziehende
Vögel am Himmel, die keinerlei Spuren hinterlassen.«
(Indianische Weisheit)

»Letztendlich bekommt im Leben jeder genau das,
was er verdient – aber nur die Erfolgreichen geben es zu.«

(unbekannt)

»Viele verfolgen hartnäckig den Weg,
den sie eingeschlagen haben – aber nur wenige das Ziel.«

(Friedrich Nietzsche)

»Ihr Planen bringt die Zukunft in die Gegenwart –
so dass Sie damit etwas tun können.«

(Mark Twain)

»Ausreden sind Lügen, die wir uns selbst erzählen.«

(unbekannt)

»I don't think of work as work and play as play. It's all living.«

(Richard Branson)

»Der Preis der Freiheit ist der Verzicht auf Bequemlichkeit.«

(Harald Psaridis, Direktor bei AWD)

»Die wahre Größe eines Königs kann nur am sittlichen Wachstum
seines Volkes gemessen werden.«

(Felsenedikt X, König Asoka, 3. Jhdt. v. Ch.)

»Der Erfolgreiche macht da weiter,
wo der Erfolglose aufgehört hat.«

(unbekannt)

»Arbeite stets im Gedenken an die Freude der anderen. Das Gelingen sei nicht für dich selbst da, sondern für jene, die dir nahe stehen. Ihre Freude sei die Krönung deines Erfolges.«

(Drukpa Rinpoche)

»Alle Erfolgreichen denken auf Papier.«

(unbekannt)

»Wer sein Selbst nicht lieben kann, kann niemanden lieben.«

(Weisheit der Nootka)

»Der Tropfen, der das Fass zum Überlaufen bringt,
ist nicht größer als der erste Tropfen.
Das Fass ist nur zwischendurch nicht entleert worden.«

(unbekannt)

»Je größer die Küste des Wissens – umso größer der Ozean des Unwissens.«

(unbekannt)

»Schenke Glück, aber erwarte nie eine Erwiderung von den anderen.«

(Tibetische Weisheit)

»Wer Tiere quält, ist unbeseelt, und Gottes guter Geist ihm fehlt.
Mag noch so vornehm drein er schaun,
man sollte niemals ihm vertraun.«

(Johann Wolfgang von Goethe)

»In der Natur gibt es weder Belohnung noch Strafen – es gibt nur Folgen.«

(unbekannt)

»Nein zu sagen bedeutet in Wirklichkeit,
Ja zur eigenen Identität zu sagen.«

(Kurt Tepperwein)

»Warum haben eigentlich Manager nie genug Zeit
und ihre Mitarbeiter nie genug Arbeit?«

(Kenneth Blanchard)

»Dem Menschen wäre nichts unmöglich,
hätte er die Beharrlichkeit.«

(chinesisches Sprichwort)

»Kein Mensch nimmt sich selbst als böse wahr.
Auch nicht unser Feind.«

(Robert Heinlein)

»Kein weiser oder tapferer Mann legt sich auf die Schiene der Geschichte und wartet, dass der Zug der Zukunft ihn überfährt.«

(Dwight Eisenhower, 34. Präsident der USA)

»Leben ist wie Zeichnen ohne Radiergummi.«

(unbekannt)

»Tu nicht, was du willst, dann kannst du tun, was du magst.«

(Sadasiva)

»Nähere dich deinen Kindern wie einer alten Quelle, die du vergessen hast und die dich dennoch ruft. Betrachte sie mit einfachen Gefühlen und sieh dabei durch die Gedanken des Erwachsenen hindurch wie durch eine Wand von Bäumen. Durch ihre Gesten, ihr Lachen, ihre Art, im Licht des Anfangs aller Dinge zu spielen, lehren sie dich die wahre Güte, die in der völligen Hingabe besteht.«

(Indianische Weisheit)

»Lerne mit anderen Lebewesen zu sprechen – mit dem Baum, dem Bach, dem Tier. Sie sind andere Gestalten deiner selbst.«

(Indianische Weisheit)

»Disziplin ist der wichtigste Teil des Erfolges.«

(Thomas Alva Edison)

»Wer zu viel Dreck auf dem Boden sucht, endet mit einem krummen Rücken.«

(Bodo Schäfer: Ungetaufte Gedanken)

»Die blockierten Gefühle haben auch eine irrationale Dimension. Sie bestärken uns nämlich in der Annahme, der Schein entspreche der Wirklichkeit. Wenn wir wütend oder hasserfüllt sind, neigen wir dazu, uns anderen gegenüber so zu verhalten, als seien ihre Eigenschaften unveränderlich. Ein Mensch mag uns dann von Kopf bis Fuß unangenehm erscheinen, denn in solchen Momenten vergessen wir, das er, genau wie wir selbst, nur ein dem Leid unterworfenes menschliches Wesen ist und auch nur danach strebt, glücklich zu sein und das Leid zu vermeiden.«

(Dalai Lama, »Goldene Worte des Glücks«)

»Die unschuldigen Pflanzen und Tiere sind von Gott in des Menschen Hand gegeben, dass er sie liebe und mit ihnen wie mit schwächeren Geschwistern lebe.«

(Hermann Hesse)

»Die Hälfte des Leides, das in dieser Welt geschieht,
geschieht durch Menschen, die sich wichtig fühlen wollen.
Sie wollen niemandem schaden –
doch der Schaden (den sie anrichten) interessiert sie nicht.
Entweder sehen sie ihn nicht, oder sie rechtfertigen ihn,
weil sie völlig beschäftigt sind mit ihrem endlosen Kampf,
von sich selbst eine gute Meinung zu haben.«

(T.S. Eliot » The Cocktail Party«)

»Ärger entspringt nur unerfüllten Wünschen.«

(Sri Yukteswar)

»Der Hochstapler bestimmt seinen Lebenslauf;
der Weise sein Leben.«

(Bodo Schäfer: Ungetaufte Gedanken)

»Zaudern ist der natürliche Meuchelmörder
einer guten Gelegenheit.«

(Viktor Kiam)

»Unsere Verabredung mit dem Leben findet im gegenwärtigen Augenblick statt. Und der Treffpunkt ist genau da, wo wir uns gerade befinden.«

(Buddha)

»Zum Nachdenken über sich selbst und seine Beziehungen zu anderen Menschen keine Zeit zu haben, heißt, keine Zeit zu haben, um zu sehen, wohin man geht, weil man zuviel damit zu tun hat, sich die Steine aus dem Weg zu räumen, die man sich selbst hingelegt hat.«

(Lothar J. Seiwert)

»Niemand weiß, wie weit seine Kräfte gehen, bis er sie versucht hat.«

(Johann Wolfgang v. Goethe)

»Der Edle ist bewandert in der Pflicht, der Gemeine ist bewandert im Gewinn.«

(Chinesische Weisheit)

»Du kannst alles lernen, was du brauchst,
um jedes Ziel zu erreichen, das du dir selbst setzen kannst.«

(Brian Tracy)

»Versuche nicht zu kämpfen, zu verstehen, zu analysieren!
Vergiss dich in der Freude wie ein Kind.«

(Tibetische Weisheit)

»Wir sind, was wir denken. Alles, was wir sind, entsteht aus unseren Gedanken. Mit unseren Gedanken formen wir die Welt.«

(Buddha)

»Der Geist der Kindlichkeit gehört nicht einer vergangenen Periode deines Lebens an, die niemals wiederkehrt, er ist vielmehr ein Seinszustand, eine gewisse Eigenschaft des Herzens, die die Welt aufleuchten lässt.«

(Drukpa Rinpoche)

»Leben im Land der Weißen muss hart sein; sonst hätten sie nicht das Meer überquert.«

(Ewe – Togo/Ghana)

»Jeder Mensch hat einen Weisen in seiner Brust. Nur, die Menschen glauben nicht wirklich an diesen Weisen und vergraben ihn.«

(Wang Yang Ming)

»Dass einmal das Wort Tierschutz geschaffen werden musste, ist wohl eine der blamabelsten Angelegenheiten der menschlichen Entwicklung.«

(Theodor Heuß, 1. Bundespräsident der BRD)

»Im Zen ist kein Platz für besondere Anstrengungen. Seid ganz gewöhnlich und unspektakulär: Esst, trinkt, dann entleert euch, und wenn ihr müde seid, geht schlafen. Narren werden lachhaft finden, was ich sage, aber der Weise versteht.«

(Lin Chi)

»Ein weiser Mensch wird nichts auf der Welt blindlings und kategorisch annehmen oder ablehnen. Bei allen Dingen wird er sich der Wahrheit in kleinen Schritten nähern.«

(Konfuzius)

»Lass deinen Geist still werden wie einen Teich im Wald. Er soll klar werden wie Wasser, das von den Bergen fließt. Lass trübes Wasser zur Ruhe kommen, dann wird es klar werden, und lass deine schweifenden Gedanken und Wünsche zur Ruhe kommen.«

(Buddha)

»Das Ziel der Arbeit an sich selbst ist innere und äußere Freiheit.«

(Georg Gurdjieff)

»Überwinde Vorlieben und Abneigungen,
und du hast ein gutes Stück Freiheit erlangt.«

(John G. Bennett)

»›Unmöglich‹ ist ein großes Wort
mit dem kleine Menschen um sich werfen,
die es einfacher finden,
in der Welt zu leben,
die ihnen gegeben worden ist,
statt ihre Macht zu erforschen
und zu nutzen,
diese zu verändern.
Unmöglich ist keine Tatsache,
es ist eine Meinung.
Unmöglich ist keine Erklärung,
es ist eine Herausforderung.
Unmöglich ist Möglichkeit.
Unmöglich ist temporär.
Unmöglich ist nichts.«

(Laila Ali)

»Erst hassen wir unsere Mauern, dann gewöhnen wir uns an sie, und schließlich verinnerlichen wir sie, brauchen sie zum Überleben und verteidigen sie.«

(Stephen King)

»Du lebst in einem mentalen Gefängnis. Dieses Gefängnis ist von innen verschlossen, und der Gefängniswärter bist du selbst.«

(John Wareham)

»Die Schwachen schreiben keine Geschichte, oft kommen sie nicht einmal dazu, sie zu lesen.«

(Jorge A. Livraga)

»Wir können uns erst befreien, wenn wir erkennen, dass wir gefangen sind.«

(John Wareham)

»Goldene Käfige sind gefährliche Gefängnisse. Sie sind schwer als solche zu erkennen und schmeicheln dem Ego und dem Hang zur Bequemlichkeit.«

(Vihanga)

»Es liegt in unserer Macht, Sprache, Wahrnehmung, Essgewohnheiten, Körperhaltung, Gang und Atem zu verbessern. Wir sollten die Option nutzen. Es gibt viele Dinge, die sich nicht so leicht verändern lassen.«

(Vihanga)

»Miss der Kritik und dem Urteil der anderen keine Bedeutung bei. Sie verleihen damit nur ihrem eigenen Leid, ihrer Unruhe, ihrem Zögern hinter ihren heftigen Reaktionen und ihrer falschen Selbstbestätigung Ausdruck. Wenn du ihnen näher kommen willst, dann sprich zu ihnen in der Sprache der Träume und der einfachen Gefühle, die sie verloren haben.«

(Indianische Weisheit)

»Ändere dein Denken und du veränderst die Welt.«

(Quadrinity)

»Die Frucht des Opferns ist Freiheit.«

(John G. Bennett)

»Wenn du einem Thema, einem Problem, einer Sache oder Person Aufmerksamkeit schenkst, wird es (sie) größer bzw. nimmt einen größeren Raum in deinem Leben ein.«

(Pollux)

»Es gibt nur einen Weg: Folge deiner inneren Stimme. Wenn du auf deine innere Stimme hörst, kannst du jedem Unheil ausweichen, das nicht deinem persönlichen Karma entspringt.«

(Pollux)

»Lerne zu lachen, werde zu einer Sonne für deine Freunde.«

(Indianische Weisheit)

»Herr, gib den Tieren die Kraft, sich gegen uns zu wehren.«

(Wolfgang Hildesheimer, Schriftsteller)

»Auf tausend Menschen, die des Übels Zweige stutzen, kommt höchstens einer, der nach den Wurzeln gräbt.«

(Henry David Thoreau)

»Schönheitsoperationen sind der verzweifelte und vergebliche Versuch, äußerlich zu reparieren, was innerlich kaputt ist – nämlich der Selbstwert. Je mehr sich jemand schmückt und schminkt, desto geringer ist in der Regel der natürliche innere Selbstwert.«

(Vihanga)

»Es ist leichter, ganz auf etwas zu verzichten,
als im Genuss maßvoll zu sein.«

(Friedrich Nietzsche)

»Jeder Mensch ist ein Sklave, zumindest ein Sklave seiner Konditionierung durch Eltern, Lehrer, Religion und Zeitgeist. Meistens auch ein Sklave seiner Gewohnheiten, Süchte, Triebe und Gedanken.«

(Vihanga)

»Beleidigungen und Beschimpfungen sagen mehr über den Absender aus als über den Adressaten.«

(Sufiweisheit)

»Gott besucht uns häufig. Leider sind wir meist nicht zu Hause.«

(Pygmäen)

»Das schönste Denkmal, das ein Mensch bekommen kann,
steht in den Herzen seiner Mitmenschen.«

(Albert Schweitzer)

»Freunde sind Wegweiser zum wahren Ich.«

(Thomas Romanus)

»Ein Freund ist jemand, der dich mag, obwohl er dich kennt.«

(unbekannt)

»Die unbequemen Freunde können die besten sein.«

(unbekannt)

»Vertrauen in einen Menschen bringt das Beste in ihm ans Licht.«
(Frederick W. Lewis)

»Mitfreude, nicht Mitleiden macht den Freund.«
(Friedrich Nietzsche)

»Es gibt keinen anderen Weg, ganz zu sich selbst zu kommen, als den, dass man einmal ganz von sich losgekommen ist.«
(Eduard Spranger)

»Nur wer meint, festhalten zu können, leidet.
Wer sich in den Strom wirft, wird getragen.
Wer weiß, dass nichts dauert, hält sich an die Wandlung.«
(Luise Rinser)

»Wenn wir nachdenken über unser Leben, sollte uns eigentlich die Tatsache, dass wir am Leben sind, am meisten überraschen.«
(Reinhold Schneider)

»Das Leben besteht aus vielen kleinen Münzen,
und wer sie aufzuheben weiß, hat ein Vermögen.«
(Jean Anouilh)

»Wer Freude genießen will, muss sie teilen. Das Glück wurde als Zwilling geboren.«
(Lord Byron)

»Das Höchste, was der Mensch besitzen kann, ist jene Ruhe, jene Heiterkeit, jener innere Friede, die durch keine Leidenschaft beunruhigt werden.«

(Immanuel Kant)

»Nehmen Sie die Menschen, wie sie sind. Andere gibt es nicht.«

(Konrad Adenauer)

»In jedes Menschen Leben, und sei es noch so bescheiden, kommt die Stunde, wo er einem anderen zum Licht werden kann.«

(Friedrich Rittelmeyer)

»Tradition heißt nicht, die Asche aufheben, sondern die Flamme weiterreichen.«

(Ricarda Huch)

»Die Weisheit hat nichts zu tun mit der Zahl der Leute, die von ihr überzeugt sind.«

(Paul Claudel)

»Was du in deinem Geiste bauest und säest, es sei gleich mit Worten, Werken oder Gedanken, das wird dein ewig Haus sein.«

(Jakob Böhme)

»Wer keine Zeit hat, ist ärmer als der ärmste Bettler.«

(Italienisches Sprichwort)

»Der Mensch ist nicht zum Vergnügen, sondern zur Freude geboren.«

(Cicero)

»Die erste Bedingung, um mit anderen in Frieden leben zu können, ist die, mit sich selbst in Frieden zu sein.«

(Aristide Gabelli)

»Vergnügt sein ohne Geld, das ist der Stein der Weisen.«

(Magnus Gottfried Lichtwer)

»Der Optimist sieht eine Gelegenheit in jeder Schwierigkeit, der Pessimist eine Schwierigkeit in jeder Gelegenheit.«

(Amerikanisches Sprichwort)

»Wenn du schon kein Stern am Himmel sein kannst, dann sei wenigstens eine Lampe im Haus.«

(Chinesisches Sprichwort)

»Auch selbst den weisesten unter den Menschen sind die Leute, die Geld bringen, mehr willkommen als die, die welches holen.«

(Georg Christoph Liechtenberg)

»Schade, dass die meisten sofort aufhören zu rudern, wenn sie ans Ruder gekommen sind.«

(Alfred Polgar)

»Eine Stunde konzentrierter Arbeit hilft mehr, deine Lebensfreude anzufachen, deine Schwermut zu überwinden und dein Schiff wieder flott zu machen, als ein Monat dumpfen Brütens.«

(Benjamin Franklin)

»Die Seligkeit eines Augenblickes verlängert das Leben um tausend Jahre.«

(Japanische Weisheit)

»Was ist Freude und wann ist man froh? Wenn man sich selbst in Wahrheit gegenwärtig ist. Dass man ist, heute ist, das ist Freude.«

(Sören Kierkegaard)

»Wenn wir unserem Nächsten Gutes erweisen, tun wir, ohne es zu wissen, weit mehr für uns selbst als für den anderen.«

(Östliche Weisheit)

»Würde dem Menschen nur die Hälfte seiner Wünsche erfüllt, hätte er schon die doppelten Sorgen.«

(Benjamin Franklin)

»Niemand ist so arm, dass er nicht für einen Ärmeren ein Sonnenstrahl, ein Lebenslicht werden könnte; niemand so reich, dass er nicht beides brauchte.«

(Hermann Brezel)

»Mach einen anständigen Menschen aus dir, und du kannst sicher sein, dass ein Schuft weniger auf der Welt ist.«

(Thomas Carlyle)

»Spende nicht der Moschee die Lampe, wenn es bei dir zu Hause finster ist.«

(Arabisches Sprichwort)

»Nie satt wird der Sucher nach Wahrheit und der Sucher nach Reichtum.«

(Arabisches Sprichwort)

»Arm ist nicht der, der wenig hat, sondern der,
der nie genug bekommen kann.«

(Arabisches Sprichwort)

»Die Welt ist eine Komödie für die, die denken,
eine Tragödie für die, die fühlen.«

(Horace Walpole)

»Jetzt, da das Alter kommt, muss ich vom Wein lernen, mit den Jahren besser zu werden, um vor allem der schrecklichen Gefahr zu entgehen, mit dem Alter Essig zu werden.«

(Helder Camera)

»Der Friedhof ist voll von Leuten, die sich für unentbehrlich hielten.«

(George Clemenceau)

»›Kannst du einen Stern berühren‹, fragte man es. – ›Ja‹, sagte das Kind, neigte sich und berührte die Erde.«

(Hugo von Hofmannsthal)

»Glücklich ist nicht der, der hat, was er wünscht, sondern der, der nicht wünscht, was er nicht hat.«

(Seneca)

»Das Glück ist in uns. Wie wäre es sonst möglich,
dass ein Bettler lächeln und ein Reicher es verlernt haben kann?«

(Curt Goetz)

»Was ist damit getan, wenn man den Menschen reinen Wein ein-
schenkt? Wer kann sie zwingen ihn zu trinken?«

(Werner Bergengruen)

»Der Maßstab 1:50000 mag ungefähr der sein, in dem das Schicksal
unsere Wünsche erfüllt und wir selbst unsere Vorsätze durchfüh-
ren.«

(Sigmund Freud)

»Glück ist wie ein Maßanzug. Unglücklich sind meistens die, die
den Maßanzug eines andern tragen möchten.«

(Karl Böhm)

»Der Gebende fühlt sich stets reich, der Geizige immer arm.«

(Sprichwort)

»Es ist tatsächlich wahr, dass niemand einem andern die Freiheit
rauben kann, ohne die eigene Freiheit zu verlieren.«

(Milovan Djilas)

»Es gibt keinen Weg – Wege entstehen beim Gehen.«

(Antonio Machado)

»Das Kind lernt sprechen, der Weise lernt schweigen.«

(Jüdisches Sprichwort)

»Wer dich lobt, stellt sich über dich und urteilt über dein Handeln. Gegen wohlwollende Anerkennung ist nichts einzuwenden.«

(Vihanga)

»Wer dein Verhalten kritisiert oder auf deine Fehler hinweist, zeigt damit, dass du ihm nicht gleichgültig bist. Sei ihm dankbar.«

(Georg Gurdjieff)

»Die meisten Menschen glauben, sie können es sich nicht leisten, der inneren Stimme, dem Gewissen oder dem Meister zu folgen. Sachzwänge, Pflichten, Ängste, Bequemlichkeit und Eigenwille stehen im Weg.«

(Vihanga)

»Wer einst irregegangen ist, der kann anderen desto besser den Weg zeigen.«

(Christoph Lehmann)

»Die Qualität des Meisters lässt sich nicht an der Größe seines Publikums ermessen.«

(Richard Bach)

»Wer von einem Meister zum anderen wandert, ist wie jemand, der viele kleine Löcher gräbt, um ans Grundwasser zu kommen.«

(Babaji)

»Der Trugschluss der meisten Pseudolehrer: Wenn es für mich funktioniert hat, ist es auch für alle anderen gut.«

(Camden Benares)

»Meister ohne Liebe, Mitgefühl, Geduld, Respekt, Güte, Transparenz und Sanftheit sind Etikettenschwindler.«

(Vihanga)

»Lerne lieber aus den Fehlern anderer, anstatt sie alle selbst zu machen.«

(Sufiweisheit)

»Es hat keinen Sinn, vor dir selbst zu flüchten, indem du dich für das wirre und lärmende Leben der modernen Welt entscheidest. Deine Schmerzen verfolgen dich, so, wie der Wolf seiner Beute folgt. Erwarte sie fest in deiner Mitte verankert, umgib dich mit leuchtenden Gedanken, ergötze dich an der Welt wie ein Kind – dann werden deine Schmerzen dahinschmelzen wie Schnee unter der Sonne.«

(Indianische Weisheit)

»Der gute Lehrer verkörpert, was er lehrt, und er lehrt nur das, was er auch verkörpert.«

(Dan Millman)

»Jeder kehre vor seiner eigenen Tür und die Welt ist sauber.«

(Johann Wolfgang v. Goethe)

»Es ist besser eine kleine Kerze anzuzünden, als sich über die Dunkelheit zu beklagen.«

(Laotse)

»Meist belehrt erst der Verlust uns über den Wert der Dinge.«

(Arthur Schopenhauer)

»Um an die Quelle zu kommen,
muss man gegen den Strom schwimmen.«

(aus dem Zen)

»Zwischen der Ahnungslosigkeit gegenüber den Schandtaten in totalitären Staaten und der Gleichgültigkeit gegenüber der am Tier begangenen Gemeinheit, die auch in den freien Staaten existiert, besteht ein Zusammenhang. Beide leben vom sturen Mittun der Massen bei dem, was ohnehin geschieht.«

(Max Horkheimer, Philosoph)

»Für das, was wir im Innen verloren haben, versuchen wir meist vergeblich, im Außen einen Ersatz zu erwerben.«

(Pollux)

»Fighting for Peace is like fucking for Virginity."

(aus den USA)

»Gestern noch Holz, morgen schon Asche, heute nur brennt das Feuer.«

(Renate Sommerfeld)

»Die Tiefe deiner Wurzeln begrenzt das Wachstum deiner Äste.«

(unbekannt)

»In Wirklichkeit ist kein einziger Gedanke vollkommen isoliert. Der wahre Weltraum befindet sich im Inneren. Das, was in unserem Geist geschieht, hallt durch das gesamte Universum wider.«

(Drukpa Rinpoche)

»Beobachte die Welt um dich herum, ohne zu urteilen, mit Freundschaft und Wohlwollen. Sie empfindet dieselben Freuden, dieselben Schmerzen. Wie du lebt und atmet sie, klagt und singt sie, empfindet sie Angst vor der Zeit und dem Mysterium des Todes. Sie ist dein eigener Körper, nur größer, umfassender. Lerne, sie zu lieben.«

(Indianische Weisheit)

»Geduld ist ein Baum, dessen Wurzel bitter,
dessen Frucht aber sehr süß ist.«

(aus Persien)

»Es gibt keinen Zufall. Wer an den Zufall glaubt,
glaubt nicht an Gott.«

(Sai Baba)

»Zeiten der Not sind Zeiten der Prüfung und Bewährung unserer Werte und Prinzipien. Der Weg zum Paradies führt durch die Hölle.«

(Sufiweisheit)

»Die Menschen hören erst dann mit ihren dummen und bösen Spielen auf, wenn sie genug gelitten haben, nicht weil sie gute Ratschläge kriegen.«

(Osho)

»Sei immer zufrieden mit dem, was du hast, aber nie mit dem, was du bist.«

(Osho)

»Versprechen sind Schulden.«

(Jüdische Weisheit)

»Gib jedem ein zweite Chance, aber keine dritte.«

(H.J. Brown)

»Ein Idiot ist jemand, der nicht weiß,
was für ihn auf lange Sicht wichtig ist.«

(Richard Ford)

»Wenn du Gewissheit über die Richtigkeit deiner Position hast,
dann bleibe ihr treu. Wahrheiten, Naturgesetze und Werte sind nicht
verhandelbar. Sei kein Politiker.«

(unbekannt)

»Glücklich sind jene, die über ein Gedicht weinen können, glücklich
sind jene, deren Miene sich verwandelt, wenn sie erhebende Musik
hören. Glücklich sind jene, die ihre Gefühle ausdrücken und ihren
Freund mitten auf der Straße umarmen können.«

(Jorge A. Livraga)

»Das wichtige Wissen wird nicht gelernt, es wird entdeckt oder
erinnert.«

(Sufiweisheit)

»Die wahre Entdeckungsreise besteht nicht darin, dass man neue Land-
schaften sucht, sondern dass man die Welt mit neuen Augen sieht.«

(Marcel Proust)

»Ehe du das, wonach du suchst, in der Außenwelt finden kannst,
musst du es zunächst in dir selbst entdecken.«

(Mama Chia)

»Dem Tier gegenüber sind heute alle Völker mehr oder weniger Barbaren, es ist unwahr und grotesk, wenn sie ihre vermeintliche hohe Kultur bei jeder Gelegenheit betonen und dabei tagtäglich die scheußlichsten Grausamkeiten an Millionen von wehrlosen Geschöpfen begehen oder doch gleichgültig zulassen.«

(Alexander Humboldt, Naturforscher und Geograph)

»Alle gleich behandeln ist Ungerechtigkeit.«

(Gerda Leitreiter)

»Wenn dein Glück davon abhängt, was andere tun oder wie andere auf dich reagieren, dann hast du ein echtes Problem.«

(Richard Bach)

»Lerne ›bitte‹ und ›danke‹ zu sagen und auch zu meinen.
Demut und Dankbarkeit sind Brücken zu Gott, die Grundlage wahren Gebetes.«

(Vihanga)

»Herr, nicht mein Wille, sondern dein Wille geschehe.«

(Jesus Christus)

»Gott will gelebt, nicht verehrt werden.«

(Hubertus Halbfas)

»Hüte dich vor Spekulation.
Entweder gibt es einen schmerzhaften Verlust oder einen unethischen Gewinn auf Kosten anderer.«

(Karl Kolb)

»Manchmal zahlt man den höchsten Preis für Dinge,
die man umsonst bekommt.«

(Albert Einstein)

»Teure Kleidung, Autos und Häuser werten deine Persönlichkeit
auf und damit deinen sozialen Status. Über deine Essenz machen
sie keine Aussage.«

(Vihanga)

»Man kann Geld und Gegenstände nicht unabhängig von ihrem
Karma besitzen.«

(Sai Baba)

»Die wichtigsten Dinge im Leben sind nicht mit Geld zu kaufen.«

(Alia)

»Was man mit Gewalt gewinnt, kann man nur mit Gewalt behalten.«

(Mahatma Gandhi)

»Man erreicht sein Ziel nur, wenn man es nicht erreichen muss.«

(Franziska v. Almsick)

»Es gibt nichts Gutes, außer man tut es.«

(Erich Kästner)

»Wer nichts für andere tut, tut nichts für sich.«

(Johann Wolfgang v. Goethe)

»Man kann nur denen helfen, die Hilfe wollen und sich helfen lassen. Du kannst dem anderen aufstehen helfen, aber den ersten Schritt muss er selbst tun. Hilf nur dem, der sich bemüht, kein Müßiggänger zu sein.«

(Georg Gurdjieff)

»Du bist ein lebendes Paradoxon:
Ein Gott und ein Wurm gleichzeitig,
Engel und Tier in einem Körper.
Mensch sein heißt, beides zu akzeptieren.«

(Murat Yagan)

»Bienen trinken Nektar und bestäuben Blüten.
Moskitos trinken Blut und verbreiten Krankheiten.
Der Mensch kann beides und hat die Wahl.«

(Sai Baba)

»Zhi Xia fragte Meister Kongzi nach der rechten Art der Regierung. Der Meister sprach: ›Man darf keine raschen Erfolge wünschen und darf nicht auf kleine Vorteile sehen. Wenn man rasche Erfolge wünscht, so erreicht man nichts Gründliches, wenn man auf kleine Vorteile aus ist, so bringt man kein großes Werk zustande.‹«

(KONGZI/Chinesische Weisheit)

»Sei dir bei allem, was du tust, des jeweiligen Augenblickes bewusst, vergiss die Last der Vergangenheit und die Angst vor der Zukunft. Vermeide alles Fragen, alles Zögern, alle Unsicherheit. Willst du glücklich sein, dann sei für dich selbst präsent, in Übereinstimmung mit der Welt, die dich umgibt, in liebendem, glühendem Einklang mit dem Augenblick – ohne deinen Scharfblick zu verlieren.«

(Indianische Weisheit)

»Zu Beginn schuf Gott für jeden Menschen eine andere Welt, und in dieser Welt, die in uns ist, sollte er zu leben lernen.«

(Oscar Wilde)

»Der ›Gott‹ eines Menschen ist das, wo die meiste Energie, Zeit und Aufmerksamkeit hin fließt.«

(Pollux)

»Bist du unglücklich und in einem Zustand des inneren Chaos, dann gib der Welt nicht die Schuld, denn sie ist nur eine Spiegelung deiner selbst. Das, was du selbst bist, das ist auch die Welt. Heile dich selbst und die Welt wird heil werden.«

(Drukpa Rinpoche)

»Gehst du einen Schritt auf Gott zu, kommt dir Gott 99 Schritte entgegen.«

(aus Indien)

»Nur über die Demut führt der Weg zu Gott.«

(Amma)

»Tradition ist die Weitergabe des Feuers – nicht die Anbetung der Asche.«

(Gustav Mahler)

»Die katholische Kirche hat Hunderte Heilige, Dutzende Päpste, aber nur eine Handvoll Christen.«

(Dieter Müller)

»Das erste Zeichen wahrer Religiosität ist Fröhlichkeit.«

(unbekannt)

»Sich mit dem Körper identifizieren heißt sterblich werden.«

(Elisabeth Haich)

»Die Illusion unserer Zeit ist der Glaube, alles haben zu können, was man will, ohne dafür einen Preis zu bezahlen.«

(John G. Bennett)

»Je größer die Lüge, desto eher wird sie geglaubt.«

(Adolf Hitler)

»Viele fragen nach der Wahrheit, wenige wollen sie wirklich hören und annehmen. Noch seltener sind jene, die ihr folgen.«

(Vihanga)

»Das Kennzeichen deiner Unwissenheit ist die Stärke deines Glaubens an Ungerechtigkeit und Unglück.«

(Richard Bach)

»Das Böse ist kein Wesen, sondern ein Mangel.«

(Baalschem)

»Die Wurzeln des Bösen sind Trägheit und Narzissmus.«

(Morgan Scott Peck)

»EVIL = LIVE spelled backwards.«

(Morgan Scott Peck)

»Lerne mit einem Tier so zu kommunizieren, wie du es mit deinen Brüdern tust. Beobachte es, sieh zu, wie es lebt, versuche, hinter seine Träume zu kommen. Stimme dich ruhigen Geistes auf das Tier ein und achte auf all seine Emotionen. Dann wird seine Seele sanft auf dich zugleiten. Es wird dir seine Liebe, aber auch seine Kraft schenken.«

(Indianische Weisheit)

»Das Böse kann weder kreativ sein noch fröhlich, noch humorvoll, noch lebendig, noch warm, noch respektvoll. Aber es wird versuchen, alle diese Qualitäten zu imitieren.«

(Vihanga)

»Das Böse schafft sich selbst, indem das Richtige nicht getan wird.«
(Sai Baba)

»Der Zweck heiligt nicht die Mittel.«

(Morgan Scott Peck)

»Die wirklichen Verbrecher leben immer außerhalb der Gefängnisse.«
(Morgan Scott Peck)

»Fast alle sind dabei, sich langsam umzubringen mit Zigaretten, Alkohol, Stress, falscher Ernährung etc. Viele Krankheiten und Unfälle sind Auswirkungen unbewusster Selbstzerstörungstendenzen.«

(Vihanga)

164

»Wir haben den Rest der tierischen Kreatur versklavt und haben unsere entfernten Cousins in Pelz und Federn so schlecht behandelt, dass sie zweifellos, wenn sie nur in der Lage wären, eine Religion zu erfinden, den Teufel in Gestalt des Menschen darstellen würden.«

(William Ralph Inge, Englischer Geistlicher und Gelehrter)

»Sich um jemand anderen Sorgen zu machen schadet der anderen Person, Sorgen sind negative Gedanken und Vorstellungen, die die negative Entwicklung verstärken und das Objekt der Sorgen belasten. Es ist besser, für eine positive Entwicklung zu beten.«

(Pollux)

»Das Böse lebt allein im Menschen.«

(aus China)

»Karma ist nicht dazu da, dich zu bestrafen,
sondern dich die Gesetze von Kausalität und Polarität zu lehren.«

(Sai Baba)

»Bei einem guten Menschen wird der Tod zur Befreiung.
Bei einem schlechten wird er zur Befreiung für andere.«

(Sufiweisheit)

»Lieber einen sinnvollen Tod, als ein sinnloses Leben.«

(unbekannt)

»Du wurdest mit einem Schrei der Agonie geboren. Arbeite an dir, damit du mit einem Lächeln auf den Lippen sterben kannst.«

(Sai Baba)

»Was du im Diesseits nicht gelernt und verwirklicht hast, wirst du auch im Jenseits nicht finden.«

(Kabir)

»Das Leben ist ein Traum.
Wenn du stirbst, wachst du auf und siehst die Wirklichkeit.«

(Sufiweisheit)

»Erwachen heißt Sterben. Sterben heißt Erwachen, nicht Einschlafen. Vorausgesetzt, du kannst der Realität standhalten.«

(Lotte Ingrisch)

»Das Loslassen ist die große Lektion des Lebens.«

(Julie Schlosser)

»Lass los, bevor es dir entrissen wird. Gib auf,
bevor du dazu gezwungen wirst.«

(unbekannt)

»Es gibt kein Feuer in der Hölle und keine Schätze im Himmel.
Alles wird von hier mitgebracht.«

(Sufiweisheit)

»Alles Leben ist heilig.«

(Albert Schweitzer)

»Wir werden solange inkarnieren, bis wir unsere Lektionen gelernt und unsere Bestimmung erfüllt haben.«

(Vihanga)

»Krankheiten sind ein Hilferuf der Psyche,
nicht ein Versagen des Körpers.«

(Rüdiger Dahlke)

»Anstatt zum Arzt zu rennen und Pillen zu schlucken, sollte man bei
Krankheit besser in sich gehen und die positive Absicht der Krankheit ergründen. Möglicherweise zeigt sich dadurch ein Weg auf, sie
überflüssig zu machen.«

(Vihanga)

»Fast jede Krankheit ist heilbar, vorausgesetzt, der Kranke ist bereit,
sein Fehlverhalten, das zur Krankheit führte, aufzugeben. Der Sinn
der Erkrankung ist die Mahnung: Lebe nicht so weiter, wie du es
beabsichtigst.«

(Georg Groddeck)

»Dein Symptom ist kein Feind, der bekämpft werden muss, sondern
ein Freund, der dich vor etwas noch Schlimmeren bewahren will.«

(Erkenntnis des NLP)

»Medizin ist die Kunst, den Patienten abzulenken, während die
Natur sich selbst hilft.«

(Voltaire)

»Lerne auch mit offenen Augen zu meditieren. Richte deine Aufmerksamkeit auf die Schönheit der Blume, das Rauschen der Wellen,
den Klang des Windes. Lass den Abstand verschwinden, der dich von
den Dingen trennt. Meditieren ist ein Akt der Liebe.«

(Drukpa Rinpoche)

»Wehre dich rechtzeitig gegen Unverschämtheiten, Dreistigkeit, Respektlosigkeit und Unpünktlichkeit. Nachgiebigkeit führt fast immer zu Eskalation.«

(Amritha)

»Gewaltanwendung ist ein Zeichen von Ohnmacht und Impotenz.«
(Daniel Odier)

»Unterstütze nicht das Suchtverhalten deiner Mitmenschen. Meide starke Raucher, Alkoholiker, Junkies, Spieler, Workaholics und Sexsüchtige. Die Sucht ist ihnen eh wichtiger als du.«
(Vihanga)

»Die Qualität deiner Nahrung bestimmt die Qualität deiner Gedanken und Emotionen.«

(Sai Baba)

»Wer tote Tiere verzehrt, braucht sich nicht zu wundern, wenn er entsprechende Charaktermerkmale manifestiert. Nicht nur Hormone und Antibiotika-Rückstände werden mitgegessen, auch das Adrenalin und der Stress des Todeskampfes werden aufgenommen.«
(Vihanga)

»Vegetarische Ernährung ist eine Frage der Ethik und Ästhetik, nicht eine Frage des Geschmacks.«
(Osho)

»Achte darauf, dass du durch Filme und Bücher kein Gift aufnimmst. Alles, was du aufnimmst, beeinflusst dich und kann deine Seele belasten und verunreinigen.«

(Sai Baba)

»Die Seele des Kindes duldet keine Abwertung der Eltern.«

(Bert Hellinger)

»Übe Liebe an Pflanzen und Tieren,
bevor du ein Kind in die Welt setzt.«

(nach Georg Gurdjieff)

»Setze nicht fahrlässig Kinder in die Welt.
Nur Wunschkinder werden glückliche Kinder.«

(Pollux)

»Das Ziel des Lebens ist es, ganz geboren zu werden.«

(Erich Fromm)

»Liebe ist keine Bindung an eine bestimmte Person,
sondern eine Haltung des Herzens.«

(Hubertus Halbfas)

»Schließe die Augen, ohne deine Aufmerksamkeit zu verlieren, und wache über die Regungen deines Geistes. Sie werden dich viel über die Geheimnisse der Seele, die Wirklichkeit der Lebewesen und die Dinge lehren. Ohne ausgeprägtes Bewusstsein wird dein Geist keine Kraft haben. Lerne, tief in dein Inneres zu schauen, und entscheide dann, was gut für dich ist. Ändere dein Leben, und der Schmerz und die Konflikte werden verschwinden. Du befindest dich dann an dem Ort, wo alles beginnt.«

(Indianische Weisheit)

»Liebe kennt keine Entfernung.«

(Osho)

»Wenn Trennung deine Liebe beendet, war es keine Liebe.«

(Osho)

»Zwei Liebende können zusammen schweigen.«

(Robert Poulet)

»Einige Bedingungen für Liebe sind: Respekt, Nähe, Offenheit, Mut, Authentizität, Vertrauen, Entspannung, gegenseitiges Erkennen und Annehmen, gegenseitige Wertschätzung.«

(Vihanga)

»Wenn du etwas liebst, lass es los. Wenn es wirklich zu dir gehört, wird es zurückkommen. Wenn nicht, war es nie für dich bestimmt.«

(Aus den USA)

»Eine so genannte Liebe, die andere Wesen ausschließt, ist eigentlich nur ein Egoismus zu zweit.«

(Hubertus Halbfas)

»Die Bedingung für die Teilhabe an der göttlichen Liebe ist Demut.«

(John G. Bennett)

»Tu etwas dafür, dass es den Menschen und Tieren deiner Umgebung besser geht. Du profitierst von ihrer angenehmeren Ausstrahlung.«

(Vihanga)

»Freundschaft und Friede sind wichtiger als
Geld oder Recht behalten.«

(Chandro)

»Zwei Dinge sind grenzenlos:
die Dummheit der Menschen und die Gnade Gottes.«

(Georg Gurdjieff)

»Wir sind nicht auf der Welt, um unverdientes Glück zu genießen, sondern, um zu lernen, zu dienen, zu wachsen und uns gegenseitig zu helfen.«

(Georg Gurdjieff)

»Wutanfälle sind wie spitze Pfeile, die aus den Händen fliegen und den Schützen überraschen. Der Krieger, der den Bogen der Weisheit besitzt, schießt gewollte, wohlüberlegte Pfeile ab, ohne sich von Gemütsbewegungen hinreißen zu lassen, ohne der Verwirrung Raum zu lassen, die aus der Angst entsteht. Verwandle Zornesausbrüche in einen Gesang des Sieges über dich selbst.«

(Indianische Weisheit)

»Ethik gegenüber dem Menschen und Rohheit gegenüber den Tieren sind zwei Verhaltensweisen, die sich nicht vereinbaren lassen, denn Grausamkeit gegen Tiere geht nahtlos in Grausamkeit gegen Menschen über.«

(Robert Jungk)

»Der, der nicht weiß, und nicht weiß, dass er nicht weiß, ist ein Narr – meide ihn. Der, der nicht weiß, und weiß, dass er nicht weiß, ist ein Kind – lehre ihn. Der, der weiß, und nicht weiß, dass er weiß, schläft – erwecke ihn. Doch der, der weiß, und weiß, dass er weiß, ist ein Weiser, folge ihm.«

(Sprichwort)

»Im Altertum machten es die Männer so, dass, wenn sie ihr Ziel erreichten, sie dem ganzen Volke Segen spendeten; wenn sie ihr Ziel nicht erreichten, so veredelten sie ihr Leben, dass es auf Erden strahlte. Im Misserfolg erhöhten sie nur ihr eignes Leben; hatten sie Erfolg so erhöhten sie gleichzeitig die ganze Welt.«

(MENGZI)

»Wie die Blüte Vorbote der Frucht, so ist die Kindheit des Menschen die Verheißung seines Lebens.«

(Hazrat Inayat Khan)

»...dass Sie und ich, dass alle Menschen durch einen unsichtbaren Faden miteinander verbunden sind. Sie sehen also: was auch an einem Ort gesagt oder getan wird, es hat Folgen überall auf der Welt. Doch die Stärke dieser Wirkung ist abhängig vom Grade unserer Wachheit und Bewusstheit. Doch solange wir aus unserem Schlummer nicht erwachen, wissen wir nicht, dass dies so ist.«

(Reshad Feild)

»Solange du die Allmacht Gottes nicht begreifst,
wirst du stets denken, du seiest der Urheber von etwas.«

(Reshad Feild)

»Ich starb als Mineral und wurde Pflanze;
als Pflanze starb ich und wurde Tier.
Ich starb als Tier und wurde Mensch,
warum also fürchten, im Tod zu Nichts zu werden?
Bei meinem nächsten Tod
werde ich Schwingen hervorbringen und Federn wie Engel –
was ihr nicht erdenken könnt,
ich werde es sein.«

(Mevlànà Celàleddin Rumi)

»Die Seele empfängt aus der Seele das Wissen, und nicht aus Büchern
noch vom Reden. Erwächst das Wissen der Geheimnisse aus der
Leerheit des Geistes, so ist das Herz erleuchtet.«

(Mevlànà Celàleddin Rumi)

»Was du suchst, ist das, was sucht.«

(Franz v. Assisi)

»Verstand ist die Illusion der Wirklichkeit.«

(Hazrat Inayat Khan)

»Was außerhalb von dir zu sein scheint, ist in Wirklichkeit in dir
selbst. Es gibt nichts, was nur draußen wäre, und darum findet der
Kampf zuallererst in dir selbst statt.«

(Reshad Feild)

»Ein Baum, den ein Mann mit beiden Armen umfassen kann, erwächst aus einem zarten Spross.
Ein neun Stockwerke hoher Turm ersteht aus ein paar Trögen Erde.
Eine Reise von Tausend Meilen beginnt unter dem Antritt eines Fußes.«

(Laotse)

»Wenn du deine eigene Einzigartigkeit klar erkennst, wirst du es nicht nötig haben, andere zu beherrschen, noch vor ihnen zu kriechen.«

(Jane Roberts)

»Ganz gleich, wie viele heilige Worte du liest, ganz gleich, wie viele du sprichst – was für einen Wert haben sie für dich, wenn du nicht nach ihnen handelst?«

(Dhammapada)

»Alles, was wir sehen oder zu sehen scheinen, ist bloß ein Traum in einem Traum.«

(Edgar Allan Poe)

»Suche nicht nach Ehrungen und Belohnungen, erwarte von den anderen keine Anerkennung und keinen Dank. In dir selbst findest du deine wirklichen Belohnungen – Frieden, Gelassenheit, Liebe für andere, Selbstachtung und das Gefühl der Heiligkeit des Lebens.«

(Drukpa Rinpoche)

»Eine Seele ohne hohes Ziel ist wie ein Schiff ohne Steuerruder.«

(Eileen Caddy)

»Es ist gut, wenn man als Reisender einen Endpunkt hat,
den man ansteuern kann,
aber die Reise ist es, auf die es letzten Endes ankommt.«

(Ursula le Guin)

»Die Schicksalsmächte leiten den, der will –
den, der nicht will, zerren sie.«

(Seneca)

»Ich erwarte nichts von anderen, darum können ihre Handlungen
nicht im Gegensatz zu meinen eigenen Wünschen stehen.«

(Swami Sri Yukteswar)

»Du bereitest dir und anderen genauso viel Leid,
wenn du Anstoß nimmst, wie wenn du Anstoß erregst.«

(Ken Keyes jr., Das Handbuch zum höheren Bewusstsein)

»Die erfolgreichste Methode, mit jeglichem lebenden Wesen eine
richtige Beziehung aufzubauen, besteht darin, nach dem Besten in
ihm zu suchen und dann diesem Besten zu seinem vollgültigsten
Ausdruck zu verhelfen.«

(J. Allen Boone)

»Die wahre moralische Prüfung der Menschheit (die so tief in unserem Inneren verankert ist, dass sie sich unserem Blick entzieht)
äußert sich in der Beziehung der Menschen zu denen, die ihnen
ausgeliefert sind: zu den Tieren. Und gerade hier ist es zu einem so
grundlegenden Versagen gekommen, dass sich alle anderen aus ihm
ableiten lassen.«

(Milan Kundera)

»Seid gut zu den Menschen, den Pflanzen und den Tieren!
Hetzt weder Menschen noch Tiere, noch fügt ihnen Leid zu.«

(Laotse)

»Es gibt nur eine Tapferkeit, und das ist die Tapferkeit,
sich ständig von der Vergangenheit loszusagen, sie nicht zu sammeln,
sie nicht anzuhäufen, sich nicht an sie zu klammern.
Wir alle klammern uns an die Vergangenheit,
und weil wir uns an die Vergangenheit klammern,
werden wir unbrauchbar für die Gegenwart.«

(Bhagwan Shree Rajneesh)

»Die Vergangenheit ist abgestorben. Die Zukunft ist bloß gedacht.
Das Glück kann nirgendwo sonst sein, als im ewigen Augenblick
des Jetzt.«

(Ken Keyes jr.)

»Wer glaubt, der braucht keinen Beweis.
Wer nicht glaubt, dem taugt kein Beweis.«

(John und Lyn St. Clair-Thomas)

»Das Leben ist entweder ein gewagtes Abenteuer oder gar nichts.«

(Helen Keller)

»Wandlung ist nie ein Verlust – sie ist Wandlung, weiter nichts.«

(Vernon Howard)

»Du findest wahre Freude und Glückseligkeit im Leben, wenn du
gibst und fortfährst zu geben und niemals die Kosten berechnest.«

(Eileen Caddy)

»Erfolg ist eine Reise, kein Bestimmungsort – das halbe Vergnügen besteht darin, dorthin zu gelangen.«

(Gita Bellin)

»Große Geister sind bei kleinen Geistern stets auf heftigen Widerstand gestoßen.«

(Albert Einstein)

»Lerne still zu sein. Lass deinen ruhigen Geist lauschen und aufnehmen.«

(Pythagoras)

»Wer meditiert, der schiebt die Grenzen seiner Erinnerung hinaus. Er wird sich seiner selbst und der Welt in ihrer Gesamtheit bewusst.«

(Indianische Weisheit)

»Jede Streitfrage, Überzeugung, Einstellung oder Annahme, ist genau der strittige Punkt, der zwischen dir und deiner Beziehung zu einem anderen Menschen steht – und zwischen dir und deinem Selbst.«

(Gita Bellin)

»In der Freiheit gibt es immer Risiken.
In der Knechtschaft gibt es nur das eine Risiko: freizukommen.«

(Gita Bellin)

»Es hat wenig Sinn, zu versuchen, äußere Bedingungen zu ändern. Du musst zuerst innere Überzeugungen ändern, dann werden sich die äußeren Bedingungen dementsprechend ändern.«

(Brian Adams)

»Was ist es doch für eine Grausamkeit, einen unwissenden Menschen wählen zu lassen!
Das würde bedeuten, ihn zwischen zehn verschiedenen Gläsern wählen zu lassen, obwohl er weiß, daß in einem Gift ist.«

(Jorge A. Livraga)

»Gläubiges Vertrauen ist eine Oase im Herzen, die von der Karawane des Denkens nie erreicht werden wird.«

(Khalil Gibran)

»Die Menschen werden nicht durch äußere Geschehnisse in Unruhe versetzt, sondern durch ihre Meinung über die äußeren Geschehnisse.«

(Epiktet)

»Seit ungefähr fünfzehn Jahren wird den Ethnologen in zunehmendem Maße bewusst, dass das Problem des Kampfes gegen Rassenvorurteile auf menschlicher Ebene ein viel umfassenderes Problem widerspiegelt, das noch dringender einer Lösung bedarf. Ich spreche von dem Verhältnis zwischen dem Menschen und anderen lebenden Arten. Es ist zwecklos, das eine Problem ohne das andere lösen zu wollen. Denn die Achtung gegenüber den eigenen Artgenossen, die wir vom Menschen erwarten, ist lediglich ein Einzelaspekt der allgemeinen Achtung vor allen Formen des Lebens.«

(Claude Lévi-Strauss, Ethnologe)

»Die göttlichsten Dinge – Religiosität, Liebe, Wahrheit, Schönheit, Gerechtigkeit – scheinen ihren Sinn und Wert zu verlieren, wenn wir in Mattigkeit und Gleichgültigkeit verfallen...
Es ist ein Zeichen, dass wir damit aufhören sollten, zu meditieren und Bücher zu lesen, und hinaus ins Freie gehen sollten, in die Ge-

genwart der Natur, in die Gesellschaft von Herden und Kindern, wo wir – weit weg von den unfruchtbaren Wüsten der Theorie und Spekulation – neue Gesundheit und Energie aus den klaren und reichlich fließenden Quellen des Lebens trinken können; wo wir wieder erfahren können, dass der Mensch Freude und Frieden nicht durch intellektuelles Sinnieren oder Infragestellen erlangt, sondern durch Glauben, Hoffen, Lieben und Tun.«

(John Lancaster Spalding)

»Seelenfrieden kommt daher, dass man andere nicht verändern will, sondern sie einfach so akzeptiert, wie sie sind.
Wirkliches Akzeptieren ist nie mit Forderungen und Erwartungen verbunden.«

(Gerald G. Jampolsky)

»Geistig – seelische Gesundheit bemisst sich an der Neigung, überall Gutes zu entdecken.«

(Ralph Waldo Emerson)

»Solange du nicht einzusehen vermagst, dass dir nichts zustoßen kann, dass dir nie etwas widerfahren oder vorenthalten werden kann, es sei denn im Einklang mit deinem Bewusstseinszustand, hast du nicht den Schlüssel zum Leben.«

(Paul Twitchell)

»Schenke dem morgigen Tag keine Beachtung, sondern gewahre vielmehr ganz das Heute, denn was für das Heute hinreicht, ist dessen Wunder. Denke nicht zu sehr an dich selbst, wenn du gibst, sondern denke an die Notwendigkeit. Denn jeder Gebende empfängt selbst vom Vater, und zwar in viel reicherem Maße.«

(Annie Besant)

»Schatten entsteht nur, wenn man der Sonne den Rücken zukehrt.«

(*Indianische Weisheit*)

»Arbeit ist sichtbar gemachte Liebe.«

(*Khalil Gibran*)

»Versuche nicht, irgendetwas zu erzwingen. Lass das Leben ein tief greifendes Loslassen sein.
Erkenne, dass Gott jeden Tag Millionen Blüten öffnet, ohne die Knospen dazu zu zwingen.«

(*Bhagwan Shree Rajneesh*)

»Du musst anfangen, dir selbst zu trauen.
Tust du es nicht, dann wirst du für immer von anderen erwarten, dass sie dir deinen eigenen Wert beweisen, und du wirst nie zufrieden sein.
Du wirst stets andere fragen, was du tun sollst, und dich gleichzeitig über diejenigen ärgern, bei denen du solche Hilfe suchst.«

(*Jane Roberts*)

»Die Meditation über dich selbst ist eine aktive Meditation.
Du bist für jeden einzelnen deiner Gedanken selbst verantwortlich.
Sie haben die Macht zu heilen oder zu zerstören.«

(*Drukpa Rinpoche*)

»Macht euch klar, dass ihr einer Seele nicht helfen könnt, wenn diese Seele nicht wirklich Hilfe will und darauf eingestellt ist, dass ihr geholfen wird.

180

Ich sage euch: Sendet dieser Seele nichts als Liebe und noch mehr Liebe. Verhaltet euch still und wartet, aber seid da, wenn diese Seele sich an euch um Hilfe wendet.«

(Eileen Caddy)

»Wer die Kunst zu leben beherrscht, macht kaum einen Unterschied zwischen seiner Arbeit und seiner Freizeit, zwischen seinem Geist und seinem Körper, zwischen seiner Erziehung und seiner Religion. Schwer kann er nur unterscheiden, welches welches ist.
Er folgt nur der Suche nach Erfüllung und Glück in allem, was er tut und er überlässt es den anderen zu entscheiden, ob er arbeite oder spiele. Er versucht immer beides zugleich zu tun.«

(Zenweisheit)

»Ein liebevoller Mensch lebt in einer liebevollen Welt.
Ein feindseliger Mensch lebt in einer feindseligen Welt.
Jeder, dem du begegnest, ist dein Spiegel.«

(Ken Keyes jr.)

»Jeder Spieler muss die Karten akzeptieren, die das Leben ihm oder ihr gibt.
Aber sobald die betreffende Person sie in Händen hält, muss allein sie entscheiden, wie sie die Karten ausspielt, um das Spiel zu gewinnen.«

(Voltaire)

»Willst du dir die Weisheit der Seele bewahren, dann pflege Barmherzigkeit, Geduld und Entschlossenheit.«

(Indianische Weisheit)

»Nur derjenige, der sich nicht stören lässt vom unablässigen Zustrom der Wünsche – die hereindringen wie Flüsse in den Ozean, der immerzu gefüllt wird, aber stets fest in sich ruht –, kann inneren Frieden erlangen, doch nicht derjenige, der bestrebt ist, solche Wünsche zu befriedigen.«

(Bhagavad Gita)

»Ich weiß, dass ich die Dinge nicht so sehe, wie sie sind – ich sehe die Dinge so, wie ich bin.«

(Laurel Lee)

»Weh dem Menschen, wenn nur ein einziges Tier im Weltgericht sitzt.«

(Christian Morgenstern)

»Der Unterschied zwischen einer Blume und einem Unkraut besteht in der Beurteilung.«

(unbekannt)

»Nur wer den Ruhm nicht verdient, kämpft um ihn. Wer ihn verdient, den trifft er im Schlaf.«

(Chao-Hsiu Chen)

»Wer träumt, der schläft nicht. Er reist.«

(Indianische Weisheit)

»Durch positive Gedanken kommt das, was du dir wünschst, unweigerlich zu dir. Um es in Empfang zu nehmen, musst du anschließend nur noch handeln. Das Prinzip Gewinnen lautet: Tue es!«

(K. Walter)

»Nutze die Augenblicke der Stille, um in dich hineinzulauschen, um die tiefen Quellen hinter den unnützen Gedanken und dem Übermaß der Worte zu suchen.«

(Indianische Weisheit)

»Die Idee vom Leben«
Zeit zu haben,
die Zeit vergessen zu können.
Zeit zu haben,
zu sehen und zu erkennen.
Zeit zu haben,
zu hören und zu erfühlen.
Zeit zu haben,
zu weinen und zu lachen.
Zeit zu haben,
achtsam zu lieben.
Zeit zu haben,
glücklich zu sein.

(Richard Erlewein)

»Ein erfolgreicher Mensch begrüßt freudig jede sich bietende Gelegenheit. Ein Versager beklagt sich über sie. Er hat beschlossen, sie ‚Problem‘ zu nennen oder fühlt sich in seiner Komfortzone belästigt.«

(K. Walter – abgewandelt von J. Sig. Paulson)

»Die einzige Stelle, wo Erfolg vor der Tat steht, ist im Lexikon.«

(Vidal Sassoon, 1928)

»Die Essenz der Hölle ist der Wunsch, andere zu beherrschen.«

(Swedenborg)

»Mitleid können Sie gratis haben – Neid müssen Sie sich hart erarbeiten.«

»Gehe ganz in deinen Handlungen auf und denke,
es wäre deine letzte Tat.«

(Buddha)

»Die Weisheit des Lebens besteht im Ausschalten der unwesentlichen Dinge.«

(aus China)

»Tiefe Wasser sind still und unbewegt. Der seichte
Bergbach jedoch, er rauscht, wild und aufgeregt.«

(Sosei)

»Wunschlosigkeit macht still, und die Welt wird von selbst recht.«

(Laotse)

»Nur weil es alle falsch machen, wird es nicht richtiger.
Tote Fische schwimmen mit dem Strom – lebendige dagegen.«

(unbekannt)

»Alle Menschen sind klug. Die einen vorher – die anderen nachher.«

(unbekannt)

»Verbringe nicht die Zeit mit der Suche nach einem Hindernis,
vielleicht ist keines da.«

(Franz Kafka)

»Mag sein, dass du enttäuscht bist, wenn es schiefgeht,
aber du bist verloren, wenn du es nicht versuchst.«

(Beverly Sills, Managerin, 1929)

»Es gibt tausend Möglichkeiten, sein Geld auszugeben,
aber nur zwei, es zu erwerben:
Entweder wir arbeiten für Geld – oder das Geld arbeitet für uns.«

(Bernhard Baruch)

»Es genügt nicht, zum Fluss zu kommen mit dem Wunsch,
Fische zu fangen, man muss das Netz mitbringen.«

(chin. Weisheit)

»Lerne, das Leben zu genießen, jeden Morgen, vom Moment des
Aufwachens an. Betrachte jeden neuen Tag wie ein Wunder, und du
wirst das Geschenk der Freude empfangen.«

(Drukpa Rinpoche)

»Es ist nicht genug zu wissen, man muss es auch anwenden;
es ist nicht genug zu wollen, man muss es auch tun.«

(Johann Wolfgang v. Goethe)

»Ein Mensch, der weiß ‚Wofür‘, erträgt fast jedes ›Wie‹«.

(Viktor Frankl)

»Wenn du tust, was du immer getan hast,
wirst du bekommen, was du immer bekommen hast.«

(unbekannt)

»Die meisten stehen immer kurz davor zu sparen.«

(K. Walter)

»Alle Kräfte schlummern in deinem Geist wie Diamanten in der Mine. Du musst nur hinabsteigen, ausgerüstet mit der Lampe der Weisheit.«

(Indianische Weisheit)

»Es ist viel besser, große Dinge zu wagen, große Triumphe zu feiern, auch wenn es auf dem Weg zu Fehlschlägen kommt, als sich in die Reihe der schlichten Geister einzuordnen, die weder viel Freude noch Leid erfahren, weil sie in der Grauzone leben, in der es weder Sieg noch Niederlage gibt.«

(Theodore Roosevelt)

»Euch geschehe nach eurem Glauben.«

(Matth. 9:29)

»Fakten hören nicht auf zu existieren, wenn man sie absichtlich übersieht.«

(unbekannt)

»Die Welt, die wir sehen, ist die Welt, die wir sind.«

(Albert Einstein)

»Es liegt in der menschlichen Natur, vernünftig zu denken und unlogisch zu handeln.«

(Anatole France)

»Denn mit welchem Maß ihr messt,
mit dem wird euch ... gemessen werden.«

(Luk. 6:38)

»Denn wie er in seinem Herzen denkt, so ist er.«

(Spr. 23:7)

»Der Friede stellt sich niemals überraschend ein. Er fällt nicht vom
Himmel wie der Regen. Er kommt zu denen, die ihn vorbereiten.«

(Indianische Weisheit)

»Der Gewohnheitsaufschieber ist immer ein Meister
im Erfinden von Entschuldigungen.«

(Napoleon Hill)

»Der Mensch ist zum Ausdruck gebrachte Überzeugung.«

(Dr. Phineas Parkhurst Quimby – 1894)

»Der Tiger redet nicht, er springt.«

(altes chinesisches Sprichwort)

»Wer sich selbst regiert, was sollte der für Schwierigkeiten haben, bei
der Regierung tätig zu sein? Wer sich selbst nicht regieren kann, was
geht den das Regieren von andern an?«

(Kongzi)

»Die beste Methode, systematisch reich zu werden, ist,
erfolgreiche Menschen nachzuahmen, anstatt sie zu beneiden.«

(K. Walter)

»Alle Dinge sind bereit, wenn das Gemüt es gleichfalls ist.«

(Shakespeare)

»Alles, was du in deinem Bewusstsein für dich und andere als wahr akzeptierst, drängt in die Verwirklichung; das ziehst du an und es zieht dich heran.«

(Rosemarie Schneider)

»Ich töte keine Tiere, wenn ich es vermeiden kann…
Nein, Sie nennen das Sentimentalität und verspotten es bloß. Ich lasse Sie spotten, soviel Sie wollen, es ist mir gleich. Aber hören Sie, was ich sage! Es kommt die Zeit, wenn Sie nicht mehr spotten, wenn Sie begreifen werden, dass das Tierreich vom Schöpfer unserem Schutze anvertraut und nicht uns preisgegeben ist: dass Tiere so viel Recht haben zu leben wie wir, und dass unser Recht, ihr Leben zu nehmen, streng beschränkt ist auf unser Recht der Verteidigung und unser Recht auf Dasein.
Die Zeit muss kommen, wenn beim Menschen das Vergnügen am bloßen Töten aussterben wird. Solange dies noch vorhanden ist, hat er keinen Anspruch, sich zivilisiert zu nennen, er ist bloß ein Barbar, ein Bindeglied zwischen seinen wilden Ahnen, die einander mit Steinäxten erschlugen um ein Stück rohes Fleisch, und den Menschen der Zukunft.«

(Axel Munth, Schwedischer Arzt und Schriftsteller)

»Alles, was unsere Aufmerksamkeit besitzt, besitzt uns.«

(Dr. Joseph Murphy)

»Wer sich selbst ändert, wird Tausende ändern.«

(unbekannt)

»Das Geheimnis des Glücks ist die Freiheit.
Das Geheimnis der Freiheit ist der Mut.«

(Seneca)

»Andere Menschen sehen die Dinge, die da sind und fragen
›Warum?‹
– ich sehe die Dinge, die es noch nicht gibt und frage
›Warum nicht ?‹ «

(unbekannt)

»Entweder Sie führen Ihr Leben oder Ihr Leben führt Sie.
Ihre Geisteshaltung entscheidet darüber,
wer von beiden die Zügel in der Hand hält.«

(Napoleon Hill)

»Je weiter ein Mensch kommt, desto anstrengender ist es für ihn,
sich selber mitzunehmen.«

(Bodo Schäfer: Ungetaufte Gedanken)

»Selbstvertrauen setzt voraus, dass du das Leben respektierst. Dann
wagst du nicht mehr, ein Tier oder eine Pflanze zu verletzen. Du wirst
das Universum als ein verwundbares Lebewesen wahrnehmen, mit
einem Gefühl der Liebe für alle Geschöpfe.«

(Drukpa Rinpoche)

»Wer seine Träume leben will,
muss zunächst aufwachen und handeln.«

(Bodo Schäfer: Ungetaufte Gedanken)

»Erfolg ist eine Chance, verpackt in harte Arbeit.«

(Gustav Knuth)

»Imaginationsfähigkeit ist wichtiger als Wissen.«

(Albert Einstein)

»Jeder möchte etwas sein,
doch nur die wenigsten möchten etwas werden.«

(unbekannt)

»In dieser Welt können die einfachsten Dinge Wunder bewirken, wenn du nur bereit bist, sie wahrzunehmen. Ein Stein der jahrelang auf dem Grund eines Sees gelegen hat, kann dennoch dazu verwendet werden, Feuer zu machen. Eine kleine Kerze kann Licht in eine Höhle bringen, die jahrelang im Dunklen gelegen hat. Der Mond scheint in der Nacht und beleuchtet deinen Weg, eine Blume wächst am Wegesrand. Alles verändert sich, nichts ist für immer.«

(aus dem Buddhismus)

»Glück und Liebe sind untrennbar.
Das eine erstrahlt nicht ohne das andere.
Willst du glücklich sein, dann lerne vor allem zu lieben.«

(Tibetische Weisheit)

»Ihr werdet die Schwachen nicht stärken, indem Ihr die Starken schwächt. Ihr werdet denen, die ihren Lebensunterhalt verdienen müssen, nicht helfen, indem Ihr die ruiniert, die sie bezahlen. Ihr werdet keine Brüderlichkeit schaffen, indem Ihr Klassenhass schürt. Ihr werdet den Armen nicht helfen, indem Ihr die Reichen ausmerzt.

Ihr werdet mit Sicherheit in Schwierigkeiten kommen, wenn Ihr mehr ausgebt, als Ihr verdient.

Ihr werdet kein Interesse an den öffentlichen Angelegenheiten und keinen Enthusiasmus wecken, wenn Ihr dem Einzelnen seine Initiative und seine Freiheit nehmt. Ihr könnt den Menschen nie auf Dauer helfen, wenn Ihr für sie tut, was sie selber für sich tun sollten und können.«

(Abraham Lincoln)

»Im Leben geschieht selten das, was Sie wollen, sondern das, was Sie unerschütterlich glauben.«

(Ulrich Strunz)

»Es gibt keine Herausforderung, die nicht auch ein Geschenk für uns in Händen hält.«

(unbekannt)

»Kleine Taten, die man ausführt, sind besser als große, die man immer nur plant.«

(angelehnt an George Marshall)

»Ganz gleich, was in der Vergangenheit auch geschehen sein mag, Sie können es ändern – und zwar jetzt!«

(Dr. Joseph Murphy)

»Manche Leute geben Geld aus, das sie nicht haben, für Dinge, die sie nicht brauchen, um damit Leuten zu imponieren, die sie nicht mögen.«

(unbekannt)

»Hüte dich vor Ansichten und Urteilen, die auf der menschlichen Denkweise beruhen, denn diese berücksichtigt nicht die vielfältigen Aspekte der Natur und die Träume der Menschen. Sie vermittelt nicht den ganzen Umfang der Empfindungen und Wahrnehmungen.«

(Indianische Weisheit)

»Geld verdirbt nur den Charakter der Menschen,
die zuvor schon keinen hatten.«

(K. Walter)

»Der Edle stellt Anforderungen an sich selbst,
der Gemeine stellt Anforderungen an die andern Menschen.«

(Chinesische Weisheit)

»Wir haben die Erde nicht von unseren Eltern geerbt,
wir haben sie von unseren Kindern geliehen.«

(Weisheit der Suquamish)

»Wenn es nichts zu tun gibt, ist es gut, die Zerstreuung zu meiden. Wenn es viel zu tun gibt, ist es gut, sich in sich zu versenken.«

(Chao-Hsiu Chen)

»Ein Arbeiter, der nicht nur ein ›verhinderter Kapitalist‹ sein will, und dem es also ernst ist mit dem Kampf gegen jede Ausbeutung, der beugt sich nicht der verächtlichen Gewohnheit, harmlose Tiere auszubeuten, der beteiligt sich nicht an dem täglichen millionenfachen Mord, der an Grausamkeit, Rohheit und Feigheit alle Schrecknisse des Weltkrieges in den Schatten stellt. Das sind Angelegenheiten,

Genossen, die entziehen sich der Abstimmung...
Entweder man will gegen die Ausbeutung kämpfen, oder man lässt
es bleiben. Aber wer als Sozialist über diese Forderungen lacht, der
weiß nicht, was er tut. Der beweist, dass er nie im Ernst bedacht hat,
was das Wort Sozialismus bedeutet.«

(Leonard Nelson)

»Mit einer Kindheit voller Liebe kann man ein halbes Leben hindurch für die kalte Welt haushalten.«

(Jean Paul)

»Gut die Hälfte all unserer Sorgenlast rührt von
unserer eigenen Dummheit und Faulheit her.
Wir unternehmen nichts dagegen.
Ich weiß, dass das hart klingt
und trotzdem sind die Menschen so.«

(W. A. Hofmann)

»Hundert Entschuldigungen haben weniger Wert als eine Handlung.«
(Jörg Lohr / Ulrich Pramann)

»Ich kenne keine ermutigendere Tatsache
als die fraglose Fähigkeit des Menschen,
sein Leben durch bewusste Anstrengung weiterzuentwickeln.«

(unbekannt)

»If you can dream it – you can do it.«

(Walt Disney)

»Nichts ist gut oder schlecht, erst das Denken macht es dazu.«

(Shakespeare)

»Nichts in der Welt gleicht Beharrlichkeit.
Talente nicht –
nichts ist häufiger anzutreffen als talentierte, erfolglose Menschen.
Erziehung nicht –
die Welt ist voll von wohlerzogenen Gescheiterten.
Allein Zielstrebigkeit und Ausdauer sind allmächtig.«

(Calvin Coolidge)

»Krisen meistert man am besten, indem man ihnen zuvorkommt.«

(Walt Whitman Rostow)

»Die liebende Mutter bringt ihrem Kind das Laufen bei. Sie ist gerade so weit von ihm entfernt, dass sie es nicht mehr halten kann. Sie streckt ihre Arme aus; ihr Gesicht wirkt ermutigend. Das Kind strebt ständig nach einer Zuflucht in Mamas Armen, ohne auch nur zu ahnen, dass es im gleichen Augenblick den Beweis erbringt, dass es auch ohne sie auskommt.«

(Sören Kierkegaard)

»Man kann sich in der Vergangenheit nicht selbst überholen.«

(unbekannt)

»Machen Sie die Sterne für Ihren Misserfolg nicht verantwortlich. Machen Sie sich lieber an die Arbeit.«

(Napoleon Hill)

»Man gibt immer den Verhältnissen die Schuld für das, was man hat.
Ich glaube nicht an Verhältnisse.
Diejenigen, die in der Welt vorankommen, gehen hin und suchen
sich die Verhältnisse, die sie wollen.
Und wenn sie sie nicht finden können, schaffen sie sie selbst.«

(George Bernhard Shaw)

»Man kann nicht kämpfen, gewinnen und reich werden,
wenn die Hose voller ist als das Herz.«

(K. Walter)

»Sei immer frei und behalte doch deine innere Ausrichtung bei. Das
Leben schenkt sich nur denen, die es wirklich begehren, ohne es zu
ersticken oder besitzen zu wollen.«

(Drukpa Rinpoche)

»Man löst keine Probleme, indem man sie auf Eis legt.«

(Winston Churchill)

»Mutig ist nicht, wer keine Angst hat –
mutig ist, wer trotz Angst weitergeht.«

(Bodo Schäfer)

»Nutze Augenblicke der Stille, um in dich selbst hineinzulauschen,
um die tiefen Quellen hinter den unnützen Gedanken und dem
Übermaß der Worte zu suchen.«

(Indianische Weisheit)

»Manchmal scheinen Menschen es vorzuziehen,
sich machtlos zu fühlen und zu glauben, dass sie nichts tun können,
um eine Situation zu beeinflussen. Dieser Glaube hilft ihnen zu
vermeiden, sich verantwortlich oder schuldig für das Nichtstun zu
fühlen.
Sie vermeiden auch den Aufwand für den Versuch, die Situation zu
ändern – und die Gefahr, Misserfolg zu riskieren, was sie beschämen
könnte...«

(Das Harvard-Konzept, Seite 245)

»Reich zu sein hat seine Vorteile.
Man hat zwar oft versucht, das Gegenteil zu beweisen,
doch ist das nie so recht gelungen.«

(John Kenneth Galbraith)

»Ohne positives Denken geht es nicht,
aber nur mit positivem Denken geht es auch nicht.«

(Bernd W. Klöckner)

»Ich sehe einen Menschen, der die anderen bewegt,
als einen Mann, der einen Korb mit Wasser trägt:
Läuft er auch noch so schnell nach Hause –
Was hat er, wenn er ankommt, noch in seinem Korb?
Betrachte ich den Menschen, der betrogen wird,
erscheint er mir so wie der Lauch im Garten.
Man reißt ihm täglich seine Blätter ab,
doch in der Wurzel bleibt er stets er selbst.«

(HANSHAN)

»Risiko ist die Bugwelle des Erfolges.«

(Carl Amery, Schriftsteller)

»Nichts kann dem Willen eines Menschen trotzen,
der sogar seine Existenz aufs Spiel setzt,
um sein erklärtes Ziel zu erreichen.«

(Benjamin Disraeli)

»Ob du glaubst, dass du etwas kannst –
oder glaubst, etwas nicht zu können...
Du hast immer recht!«

(Henry Ford)

»Die Tierwelt ist wie die ganze Schöpfung eine Bekundung der
Weisheit und Güte Gottes und verdient als solche Achtung und
Beachtung durch den Menschen. Jedes unbedachte Umbringen
von Tieren, jeder Akt unnützer Unmenschlichkeit, jede gemeine
Grausamkeit gegen sie ist verdammenswert.«

(Papst Pius XII., 1876 – 1958)

»Ohne das Negative können wir das Positive nicht erkennen.«

(unbekannt)

»Richtet nicht, damit Ihr nicht gerichtet werdet!
Denn mit welchem Gericht Ihr richtet,
mit dem werdet Ihr gerichtet werden.«

(Mat. 7:1–2)

»Wie traurig, dass die Menschen das Nahe nicht sehen und die
Wahrheit in der Ferne vermuten – wie jemand, der umgeben von
Wasser laut aufschreit vor Durst.«

(Hakuin Zenji)

»Verständnis bringt Kraft.«

(Dr. Joseph Murphy)

»Viele Menschen geben mehr Geld aus, als sie verdienen,
damit die anderen Leute glauben, daß sie mehr verdienen,
als sie ausgeben.«

(K. Walter)

»Vor den Erfolg haben die Götter den Schweiß gesetzt.«

(unbekannt)

»Wir alle streben nach dem Gipfel des Berges; doch würde unser Weg
nicht kürzer, wenn wir die Vergangenheit statt als einen Führer als
eine Landkarte betrachten?«

(Khalil Gibran)

»Andere anzuerkennen zeugt von Verständnis und bringt überdies
Frieden.«

(Chao-Hsiu Chen)

»Sparen und investieren ist die Fähigkeit Geld so auszugeben,
dass es nur vorübergehend keine Freunde macht.«

(Bernd W. Klöckner)

»Take it easy, but take it!«

(unbekannt)

»Tue das Gefürchtete, und der Tod der Furcht ist gewiss.«

(Emerson)

»Unser Denken, welches uns zu den heutigen Problemen geführt hat, reicht nicht aus, um diese Probleme zu lösen.«

(Albert Einstein)

»Verantwortlich ist man nicht nur für das, was man tut, sondern auch für das, was man nicht tut.«

(Laotse)

»Wer sich entschieden hat, etwas zu tun und an nichts anderes denkt, überwindet alle Hindernisse.«

(Gincomo Gizolamo Casanova)

»Wer sein Ziel kennt, findet den Weg.«

(Laotse, 300 v. Chr.)

»Wir können zwar den Wind nicht beeinflussen, aber wir können entscheiden, wie wir die Segel setzen.«

(Jörg Lohr)

»Zufall ist ein unvorhersehbares Ereignis, das durch das Zusammenwirken von Ursachen entsteht, die nicht zueinander zu gehören scheinen.«

(Lexikon, s. »Zufall«)

»Wem du Schuld gibst, gibst du Macht.«

(Dr. Harald Pill)

»Was ich gefürchtet habe, ist über mich gekommen.«

(Hiob 3:25)

»Wenn du könntest glauben;
alle Dinge sind möglich dem, der glaubt.«

(Mark. 9:23)

»Wenn ein Mensch behauptet, mit Geld ließe sich alles erreichen,
darf man sich sicher sein, dass er nie welches gehabt hat.«

(Aristoteles Onassis)

»Wenn es dir gut geht, mach dir keine Sorgen –
es geht garantiert vorbei.«

(Aufruf zum Sparen)

»Wenn Sie niemals anfangen, werden Sie auch niemals fertig.«

(unbekannt)

»Wer Ausdauer besitzt, ist schon fast am Ziel.«

(Ernst R. Hauschka)

»Jeder Sieg, den man über sich selbst erringt, ist wie ein Sonnenaufgang. Die Furcht und alle Befürchtungen hinter sich zu lassen, öffnet einen grenzenlosen Horizont.«

(Drukpa Rinpoche)

»Wer dich ärgert, bestimmst du selbst.«

(Dr. Harald Pill)

»Wer immer nur tut, was er bereits kann, bleibt immer das, was er bereits ist.«

(unbekannt)

»Man kann dem Leben nicht mehr Tage geben,
aber den Tagen mehr Leben.«

(Amerikanische Managerweisheit)

»Ob etwas Gift oder Heilmittel ist, bestimmt allein die Dosis.«

(Hippokrates)

»Auch die längste Reise beginnt mit dem ersten Schritt.«

(alte chinesische Weisheit)

»Große Persönlichkeiten haben große Träume.«

(Nikolaus B. Enkelmann, Erfolgstrainer)

»Es kommt nicht darauf an, was wir verdienen durch das, was wir
tun, es kommt darauf an, wer wir werden durch das, was wir tun.«

(Wolfgang Berger, Autor von »Business Reframing«)

»Wünsche sind Vorboten von Fähigkeiten.«

(Johann Wolfgang von Goethe)

»Visionen sind Strategien des Handelns,
das unterscheidet sie von Utopien.
Zur Vision gehören Mut, Kraft
und die Bereitschaft, sie zu verwirklichen.«

(Roman Herzog, Dt. Bundespräsident, Berlin 1997)

»Wenn das Leben keine Vision hat,
nach der man strebt,
nach der man sich sehnt,
die man verwirklichen möchte,
dann gibt es auch kein Motiv,
sich anzustrengen.«

(Erich Fromm)

»Die Zukunft kann man am besten voraussagen,
wenn man sie selbst gestaltet.«

(Alan Kay, amerikanischer Erfolgslehrer)

»Persönlichkeiten, nicht Prinzipien bringen die Zeit in Bewegung.«

(Oscar Wilde)

»Einzig der Augenblick ist ewig.
Wir kosten den Augenblick nie ganz aus.«

(Drukpa Rinpoche)

»Nur eines beglückt zu jeder Frist: Schaffen, wofür man geschaffen ist.«

(Paul Heyse, Lyriker)

»Wer bedauert auf dem Sterbebett,
dass er nicht mehr Zeit im Büro verbracht hat?«

(Stephen R. Covey)

»Der Edle benutzt die Dinge, der Gemeine wird immer von den
Dingen benutzt.«

(Chinesische Weisheit)

»Wer sich auf seine Stärken konzentriert,
kann seine Schwächen zunächst vernachlässigen.«
(Wolfgang Mewes, Urheber der EKS-Strategie)

»Meditieren, das heißt, die Sonne des Geistes aufgehen sehen nach
einer Nacht der Heimsuchung, der Stürme und Unwetter der Seele.
Willst du die Welt mit neuen Augen sehen, lerne zu meditieren.«
(Indianische Weisheit)

»Die Vögel der Lüfte sterben, um dich zu erhalten;
Die Tiere des Feldes sterben, um dich zu nähren;
Die Fische des Meeres sterben, um dich zu speisen.
Unser Magen ist ihr gewöhnliches Grab.
Bei Gott! Mit wie vielen Toden ist unser armseliges Leben befleckt!
Wie ist das Leben des gegenwärtigen Menschen so voll des Todes!«
(Frances Quarles)

»Ein Ziel ist ein Traum mit Deadline.«
(Leo B. Helzel, University of California, Berkeley)

»Die meisten überschätzen, was man in einem Jahr schaffen kann,
und unterschätzen, was man in zehn Jahren erreichen kann.«
(Alexander Christiani, Erfolgstrainer)

»Die meisten Menschen planen ihr Leben weniger
als einen vierzehntägigen Erholungsurlaub.«
(Alexander Christiani, Erfolgstrainer)

»Der Schlüssel liegt nicht darin, Prioritäten für das zu setzen,
was auf Ihrem Terminplan steht, sondern darin,
Termine für Ihre Prioritäten festzulegen.«

(Stephen R. Covey)

»Glaube an deine Grenzen,
und du wirst zweifellos recht behalten.«

(aus »Die Möwe Jonathan«)

»Behandle die Menschen so, als wären sie, was sie sein sollten,
und du hilfst ihnen zu werden, was sie sein könnten.«

(Johann Wolfgang von Goethe)

»Der Mensch ist ein zielstrebiges Wesen,
aber meist strebt er zuviel und zielt zu wenig.«

(Günther Radtke)

»Wer festhält, was verändert werden muss, der verliert alles.«

(Norbert Blüm)

»Kein Sieger glaubt dem Zufall.«

(Friedrich Nietzsche)

»Wahrscheinlich wird es sich nie ändern, dass fünf Prozent der Menschen 90 Prozent des gesamten Geldes kontrollieren.
Aber eines hat sich geändert:
Heute ist es leichter möglich, zu den 5 Prozent zu gehören.«

(Bodo Schäfer)

»Jeder Mensch ist der Architekt seines eigenen Wohlstandes.«

(Appius Claudius)

»Das Geld hat einen heiligen Eid geschworen,
dass es niemand haben solle, der es nicht liebe.«

(Irisches Sprichwort)

»Der verwirrte und von Furcht verzerrte Geist spiegelt das Chaos der Welt und ihre Widersprüche wider. Der von Furcht befreite Geist spiegelt die Harmonie der Welt wider, ihre Einheit, ihre Schönheit. Alles hängt davon ab, wie du dich selbst siehst.«

(Drukpa Rinpoche)

»Denn nur wer nichts tut, macht keine Fehler.«

(unbekannt)

»Wer Geld nicht ernst nimmt, wird von Geld bestimmt.«

(Wolfgang Krüger)

»Du kannst jung sein ohne Geld,
aber du kannst nicht alt sein ohne Geld.«

(Tennessee Williams)

»Die meisten Menschen investieren Zeit, um Geld zu sparen. Erfolgreiche Menschen investieren Geld, um Zeit zu sparen.«

(Bodo Schäfer)

»Wer keine Risiken eingeht, tut nichts, hat nichts und ist nichts.«

(Dan Peña)

»Wenn wir die Fragen des Geldes lösen, ermöglicht uns das auch, wieder mehr Zeit in unser Leben zu bringen.«

(Jakob Needleman)

»Möchtest du jemanden auf seine Fehler aufmerksam machen, ist es ungeschickt, die Rede sofort darauf zu bringen. Besser ist es, zunächst seine Vorzüge zu loben.«

(Chao-Hsiu Chen)

»Ich nahm den Weg, der weniger begangen war.
Das machte den ganzen Unterschied aus.«

(Robert Frost)

»Ein Mensch, der glaubt, ist so stark wie 99 andere,
die nur Interesse haben.«

(Arthur L. Williams)

»Vergessen Sie nicht, der Schlüssel zur Macht liegt im Handeln.«

(Anthony Robbins)

»Für viele gibt es leider nur ein Heilmittel: die Katastrophe.«

(Ch. Morgenstern)

»Nicht das, was mit uns geschieht, bestimmt über Erfolg oder Misserfolg. Es ist die Art und Weise – wie wir das, was geschieht, wahrnehmen und wie wir damit umgehen – die den Unterschied ausmacht.«

(Anthony Robbins)

»Wir haben genug Zeit, wenn wir sie nur richtig verwenden.«

(Johann Wolfgang von Goethe)

»Wie gabenreich du bist, Erde, und wie stark ist deine Sehnsucht
nach deinen Kindern, verirrt zwischen dem, was sie erlangten, und
dem, was sie nicht zu gewinnen vermochten!
Wir zetern, und du lächelst; wir fliehen, doch du bleibst!
Wir lästern, und du heiligst.
Wir beschmutzen, und du weihst.
Wir schlafen traumlos;
doch du träumst in deinem immerwährenden Wachsein.
Wir durchbohren deine Brust mit Schwert und Speer,
und du versorgst unsere Wunden mit Öl und mit Balsam.
Wir pflanzen Schädel und Gebeine auf deine Felder,
und daraus ziehst du Zypressen und Weidenbäume.
Wir entleeren unsre Jauchefässer in deinen Schoß, und du füllst
unsre Tennen mit Ähren und mit Trauben unsere Keltern.
Wir schürfen deine Elemente, um Kanonen und Bomben zu bauen,
doch aus unsren Elementen erschaffst du Lilien und Rosen.
Wie geduldig du bist, Erde, und wie gnädig!«

(Khalil Gibran, »Der Traum des Propheten«)

»Eine Lüge kann zweimal um die ganze Welt laufen,
bevor die Wahrheit überhaupt ihre Schuhe angezogen hat.«

(Terry Parachute)

»Jeder Akt der Verdrängung, bewusst oder unbewusst,
bewirkt eine Schwächung unserer Fähigkeit,
auf Herausforderungen zu reagieren.«

(Joanna Rogers Macy)

»Alles im Leben hat seinen Preis, ob du dich auf den Weg zum Erfolg machst, oder lieber ein durchschnittliches, ein langweiliges Leben leben willst, für alles werden wir einen Preis am Ende zahlen müssen, die einzige Frage, die man sich stellen sollte, welchen Preis, und damit welche Konsequenzen möchte ich haben.«

(Güngör)

»Wenn es ans Sterben geht, legt der Krieger wieder seinen Kriegsschmuck an, ruft er seine Verbündeten, seine Schutzgeister, und macht sich daran, im Licht der Sonne zu tanzen. Der Tod wird zu einem Fest, einer Feier, einem Siegeslied der Heimkehr.«

(Indianische Weisheit)

»Die Begeisterungsfähigkeit trägt deine Hoffnung empor zu den Sternen, sie ist das Funkeln in deinen Augen, die Beschwingtheit deines Ganges, der Druck deiner Hand und der Wille und die Entschlossenheit, deine Wünsche in die Tat umzusetzen.«

(Henry Ford I.)

»Erleuchtung ist wie der Mond, der sich auf dem Wasser spiegelt. Der Mond wird nicht nass, noch bricht die Wasseroberfläche. Obwohl sein Licht groß und weit ist, spiegelt sich der Mond auch in einer kleinen Pfütze. Der ganze Mond und der ganze Himmel können sich in einem Tautropfen auf dem Gras oder sogar in einem kleinen Wassertropfen spiegeln.«

(Dogen)

»Erkenne den Wert des anderen, wenn du vorankommen willst.«

(Tibetische Weisheit)

»Die Formel zum Erfolg: (AA + EA) x E = IML«
(angeborene Attribute + erworbene Attribute) x Einstellung =
individuelle menschliche Leistung

(unbekannt)

»Es gibt keinen objektiven Grund für die Annahme, dass menschliche Interessen wichtiger seien als tierische. Die einzige solide Basis für unseren Anspruch auf Überlegenheit gegenüber Tieren ist: wir können sie leichter umbringen als sie uns. Wir schätzen Kunst, Wissenschaft und Literatur hoch, weil wir hier überlegen sind. Aber Wale schätzen vielleicht das Wasseraussspritzen, und für einen Esel mag ein guter Schrei feiner klingen als Musik von Bach. Wir können nicht beweisen, dass sie im Unrecht sind – außer durch willkürliche Machtausübung. In letzter Konsequenz gründen alle [...] Systeme auf Waffengewalt.«

(Bertrand Russell)

»Es ist schwieriger, eine vorgefasste Meinung zu zertrümmern als ein Atom.«

(Albert Einstein)

»Nichts ist machtvoller als ein Mensch, der nach seinem Gewissen handelt und so das Gewissen der Gesellschaft zum Leben erweckt.«

(Norman Cousins)

»Die Gewohnheit ist oft der einfachste Weg, sich wieder zu irren.«

(Laurence Peter)

»Stelle keinen Gegensatz zwischen dem Sichtbaren und dem Unsichtbaren, der materiellen Welt und der Welt des Geistes her. Das wäre, als wolltest du behaupten, das Eis sei kein Wasser.«

(Drukpa Rinpoche)

»Ein alter Irrtum ist stets beliebter als eine neue Wahrheit.«

(Sprichwort)

»Es gibt ein Schicksal, das uns alle zu Brüdern macht,
Niemand geht seinen Weg allein –
Alles, was wir in das Leben anderer aussenden,
kommt zurück in unser eigenes Leben.«

(unbekannt)

»Wann immer Menschen sagen, wir sollten nicht sentimental sein, kann man daraus schließen, dass sie etwas Grausames vorhaben. Und wenn sie hinzufügen: Wir müssen realistisch sein, meinen sie damit, dass sie dabei Geld verdienen werden.«

(Brigid Brophy)

»Loyalität gegenüber einer festgefahrenen Meinung hat noch nie eine Kette gesprengt oder eine menschliche Seele befreit.«

(Mark Twain)

»Die Menschheit gleicht einer Gruppe von Leuten,
die in einem Auto ohne Licht,
das von einem vierjährigen Kind gesteuert wird,
mit rasanter Geschwindigkeit bergab fährt.
Auf allen Schildern entlang des Weges steht ›Fortschritt‹.«

(Lord Dunsany)

»Der Tag, an dem der Hunger von der Erde verschwindet, wird die größte spirituelle Explosion auslösen, die die Welt je gesehen hat. Die Menschheit kann sich das Ausmaß der Freude nicht vorstellen, die am Tage dieser wunderbaren Revolution die Welt ergreifen wird.«

(Frederico Lorca)

»Wir erben das Land nicht von unseren Vorfahren, wir borgen es von unseren Kindern.«

(Sprichwort aus Pennsylvania)

»Jedes gütige Wort ist wie ein von einem Sonnenstrahl getroffener Tautropfen.«

(Indianische Weisheit)

»Irren ist menschlich – vertuschen wissenschaftlich.«

(Volksmund)

»Der Weg zum nächsten Gipfel führt meist durchs Tal.«

(Bodo Schäfer: Ungetaufte Gedanken)

»Der Edle ist ruhig und gelassen, der Gemeine ist immer in Sorgen und Aufregung.«

(Chinesische Weisheit)

»Wir sind, was wir denken, alles was wir sind, wird von unserem Geist geschaffen. Auf jedes Wort, auf jede Tat, die durch einen reinen Gedanken hervorgebracht wird, folgt Freude, so wie dein Schatten dir folgt, untrennbar.«

(aus dem Buddhismus)

»Die Liebe schenkt uns ewigen Reichtum.«

(Tibetische Weisheit)

»Die meisten Menschen folgen einem freien Willen;
nur ist es oft nicht ihr eigener.«

(Bodo Schäfer: Ungetaufte Gedanken)

»Achte stets auf deine Gedanken, sie werden zu Worten.
Achte auf deine Worte, sie werden zu Handlungen.
Achte auf deine Handlungen, sie werden zu Gewohnheiten.
Achte auf deine Gewohnheiten, sie werden zu Charaktereigenschaften. Achte auf deinen Charakter, er wird dein Schicksal.«

(Talmud)

»Die größte Entscheidung deines Lebens liegt darin,
dass du dein Leben ändern kannst,
indem du deine Geisteshaltung änderst.«

(Albert Schweitzer)

»Lehne es nicht ab, das Negative zur Kenntnis zu nehmen.
Weigere dich lediglich, dich ihm zu unterwerfen.«

(N. V. Peale)

»Das negative Denken ist das verantwortliche Übel
für den Verschleiß deiner seelischen Energien.«

(N. V. Peale)

»Hüte dich vor den Leichtgläubigen;
heute glauben sie dir und morgen deinen Feinden.«

(Bodo Schäfer: Ungetaufte Gedanken)

»Suchst du nach Vollkommenheit, blicke in den Spiegel.
Findest du sie dort, darfst du sie auch anderswo erwarten.«

(unbekannt)

»Auch aus Steinen, die dir in den Weg gelegt werden,
kannst du etwas Schönes bauen.«

(Erich Kästner)

»Ein Mensch ist nicht edel durch Abstammung;
Wie viele Edelleute stammen von Mördern ab?«

(Khalil Gibran)

Die goldene Regel
»Ich denke von dir, wie ich wünsche, dass du über mich denkst.«
»Ich spreche von dir, wie ich möchte, dass du über mich sprichst.«
»Ich handle dir gegenüber so, wie ich wünsche, dass du es mir gegenüber tust.«

(unbekannt)

»Wir müssen lernen, entweder als Brüder miteinander zu leben
oder als Narren unterzugehen.«

(Martin Luther King)

»... und wenn ich wüsste, dass morgen die Welt in tausend Stücke
zerbräche, ich würde heute noch einen Baum pflanzen.«

(Weisheit)

»Willkür verursacht Schaden. Beliebigkeit verursacht Not.«

(Chao-Hsiu Chen)

»Erfolgreich sein heißt, vor allem die anderen dazu zu bringen,
uns zu lieben.«

(Tibetische Weisheit)

»Wer dem Applaus zu nahe sein will,
kann zwischen die klatschenden Hände geraten.«

(Bodo Schäfer: Ungetaufte Gedanken)

»Es gibt weder Vergangenheit noch Zukunft. Was immer du tust, du
tust es immer hier und jetzt. Der Augenblick ist der einzige Ort der
Erfahrung, an dem du das Leben packen, erleben, spüren kannst.
Vergangenheit und Zukunft sind nichts als Traumgebilde, und sie
sind so ungreifbar wie Nebelschwaden. Lerne, aus dem Augenblick
heraus zu handeln, wenn du dein Leben ändern willst.«

(Drukpa Rinpoche)

»Einst saß ein alter, weiser Mann unter einem Baum,
als der Seuchengott des Weges kam.
Der Weise fragte ihn: »Wohin gehst du?«
Und der Seuchengott antwortete ihm:
»Ich gehe in die Stadt und werde dort hundert Menschen töten.«
Auf seiner Rückreise kam der Seuchengott wieder bei dem Weisen
vorbei. Der Weise sprach zu ihm:
»Du sagtest mir, dass du hundert Menschen töten wolltest.
Reisende aber haben mir berichtet,
es wären zehntausend gestorben.
Der Seuchengott aber sprach:
»Ich tötete nur hundert.
Die anderen hat die Angst umgebracht.«

(Zen)

»Fange jetzt an zu leben, und zähle jeden Tag als ein Leben für sich.«

(Seneca)

»Wer Geist hat, der hat sicher auch das rechte Wort,
aber wer Worte hat, hat darum noch nicht notwendig Geist.«

(Chinesische Weisheit)

»Ein einziger Abend vor dem Fernseher reicht,
um das eigene Leben öde und fade erscheinen zu lassen.«

(Bodo Schäfer: Ungetaufte Gedanken)

»Du kannst dich den ganzen Tag ärgern,
verpflichtet bist du jedoch nicht dazu.«

(unbekannt)

Wenn du an dir nicht Freude hast,
die Welt wird dir nicht Freude machen.«

(Paul Heyse)

»Wenn man sie teilt, dann nimmt die Freude niemals ab.
Sie erneuert sich ständig im anderen.«

(Tibetische Weisheit)

»Vergessen können ist das Geheimnis ewiger Jugend.
Wir werden alt durch Erinnerung.«

(Erich M. Remarque)

»Die meisten Fehler sind nur eine kleine Umleitung
auf dem Weg zur Erfüllung.«

(unbekannt)

»Der Mensch ist gerade so glücklich,
wie er es nach seinem eigenen Entschluss sein will.«

(Abraham Lincoln)

»In Ratschlägen stecken meist 95 Prozent Rechtfertigung
der eigenen Situation.«

(Bodo Schäfer: Ungetaufte Gedanken)

Das Vermächtnis
»Erlösung kommt von innen, nicht von außen,
und wird erworben nur und nicht geschenkt.
Sie ist die Kraft des Inneren, die von draußen rückstrahlend
deines Schicksals Ströme lenkt.
Was fürchtest du? Es kann dir nur begegnen,
was dir gemäß ist und was dir dienlich ist.
Ich weiß den Tag, da du dein Leid wirst segnen,
das dich gelehrt hat, zu werden, was du bist.«

(Ephides)

»In vielen Volksweisheiten ist oft viel Volk und wenig Weisheit.«

(Bodo Schäfer: Ungetaufte Gedanken)

»Lerne loszulassen, dies ist die große Lektion des Lebens.«

(Julie Schlosser)

»Der Weg zur Gelassenheit, zu Mut und Weisheit:
Herr, gib mir die Gelassenheit, die Dinge hinzunehmen,
die ich nicht ändern kann.
Verleihe mir den Mut, die Dinge zu ändern, die ich ändern kann,

und schenke mir die Weisheit,
das eine von dem anderen zu unterscheiden.«

(Oettinger)

»Liebe ist das Einzige, was mehr wird, wenn wir es verschwenden.«

(Ricarda Huch)

»Der Tod ist eine Metamorphose, wie es uns der Wandel der Jahreszeiten und die Rückkehr der Sonne nach den Schneefällen des Winters lehren. Du musst den Geist auf diese Metamorphose vorbereiten, so wie das Steinadlerjunge das Nest verlässt, getrieben von den Mächten des Lebens ohne zu begreifen ins Leere stürzt, seine Flügel ausbreitet und zum Adler wird.«

(Indianische Weisheit)

»Die Wirklichkeit des Lebens ist das Leben selbst, dessen Anfang nicht im Mutterschoß liegt und dessen Ende nicht im Grab. Denn die verrinnenden Jahre sind nichts als ein Augenblick im ewigen Leben; und die Welt des Stofflichen und alles, was sie in sich enthält, sind bloß ein Traum gemessen am Erwachen, das wir des Todes Grauen nennen.«

(Khalil Gibran, »Der Traum des Propheten«)

»Das Leben ist ein Schleifstein.
Ob er dich zermalmt oder poliert, hängt davon ab,
aus welchem Material du gemacht bist.«

(unbekannt)

»Liebe ist der Entschluss, das Ganze eines Menschen zu bejahen, die Einzelheiten mögen sein, wie sie wollen.«

(Otto Flake)

»Man sieht nur mit dem Herzen gut.
Das Wesentliche ist für die Augen unsichtbar.«
(Antoine de Saint-Exupéry)

»Menschen fürchten ihre Zukunft zu Recht,
wenn dort lediglich ihre Vergangenheit auf sie wartet.«
(Bodo Schäfer: Ungetaufte Gedanken)

»Findet eine dressierte Ratte auf ihrem Weg fünfmal keinen Käse,
nimmt sie einen anderen Weg.
Ein Mensch kann zwanzig Jahre und mehr auf Käse warten.
Und du? Du auch?«
(unbekannt)

»Es zählt allein, was du tust, nicht das,
was du anderen zu tun empfiehlst.«
(unbekannt)

»Manch einer versteckt seine Unfähigkeit
zu handeln hinter viel Wissen.«
(Bodo Schäfer: Ungetaufte Gedanken)

»Die wichtigste Stunde in unserem Leben
ist immer der gegenwärtige Augenblick;
der bedeutsamste Mensch in unserem Leben ist immer der,
der uns gerade gegenübersteht;
das notwendigste Werk in unserem Leben ist stets die Liebe.«
(Leo Tolstoj)

»Wenn du ein Schiff bauen willst, dann rufe nicht die Menschen zusammen, um Holz zu sammeln, Aufgaben zu verteilen und die Arbeit einzuteilen, sondern lehre sie die Sehnsucht nach dem großen, weiten Meer.«

(Antoine de Saint-Exupery)

»Wenn ich so viele Dinge erreicht habe, so liegt es daran, dass ich immer nur eine Sache zur gleichen Zeit wollte.«

(William Pitt)

»Wer droht, ist schwach und möchte stark sein.«

(Bodo Schäfer: Ungetaufte Gedanken)

»Die beste Zeit, ein Problem anzupacken, ist die Zeit vor seiner Entstehung.«

(R. Freimann)

»›Was ist das Allerwichtigste bei einer Teezusammenkunft?‹, fragte ein Schüler den Meister Sen nò Rikijù.
Dieser sprach:
• Bereite eine köstliche Schale Tee.
• Lege die Holzkohle so, dass sie das Wasser erhitzt
• Ordne die Blumen wie sie auf dem Felde wachsen
• Im Sommer rufe ein Gefühl von Kühle,
  im Winter warme Geborgenheit hervor
• Stelle dich auf Regen ein
• Und schenke denen, mit denen du dich zusammenfindest,
  dein ganzes Herz.‹
›Das kann ich alles schon‹ sagte der Schüler.
›Dann will ich dein Schüler werden‹ antwortete Sen nò Rikijù«

(unbekannt)

»Die Welt ist kein Machwerk und die Tiere kein Fabrikat zu unserem Gebrauch. Sie [die Moral der Kirche] hat wahrlich eine große und wesentliche Unvollkommenheit darin, dass sie ihre Vorschriften auf den Menschen beschränkt und die gesamte Tierwelt rechtlos lässt. Nicht Erbarmen, sondern Gerechtigkeit ist man den Tieren schuldig.«

(Arthur Schopenhauer)

»Eine einmal gelebte starke, intensive Erfahrung gehört nicht der Vergangenheit an. Sie lebt in jedem Augenblick in dir. Sie verlässt den Augenblick niemals.«

(Drukpa Rinpoche)

»Der Reifen eines Rades wird von den Speichen gehalten.
Doch das Leere darin ist das Sinnvolle beim Gebrauch.
Aus nassem Ton werden Gefäße geformt.
Jedoch die Leere darin ermöglicht erst das Füllen der Krüge.
Aus Mauern, durchbrochen von Türen und Fenstern,
baut man ein Haus.
Aber der Leerraum, das Nichts macht es erst sichtbar.
So ist das Sichtbare zwar von Nutzen,
doch das Wesentliche bleibt unsichtbar.«

(Laotse)

»Eine Angewohnheit kann man nicht aus dem Fenster werfen.
Man muss sie die Treppe hinunterboxen, Stufe für Stufe.«

(Mark Twain)

»Bist du alleine, denke über deine Fehler nach.
Bist du unter Freunden, sprich nicht über ihre.«

(Chao-Hsiu Chen)

»Es ist unser Irrtum, dass wir den Tod in der Zukunft erwarten.
Er ist zum großen Teil schon vorüber.
Was von unserem Leben hinter uns liegt, hat der Tod.«

(Seneca)

»Der Wissende ist noch nicht so weit wie der Forschende,
der Forschende ist noch nicht so weit wie der heiter Erkennende.«

(Chinesische Weisheit)

»Optimisten wandeln auf den Wolken,
unter denen die Pessimisten Trübsal blasen.«

(unbekannt)

»Sei jeden Tag auf den Tod gefasst, damit du, wenn seine Stunde
gekommen ist, in Frieden sterben kannst. Lerne jeden Tag, in Gedanken zu sterben, und du wirst den Tod nicht mehr fürchten.«

(Tibetische Weisheit)

»Das Absurde des Fernsehens:
Um von der Eintönigkeit des eigenen Lebens abzulenken,
Schauspielern dabei zuschauen, die so tun, als lebten sie.«

(Bodo Schäfer: Ungetaufte Gedanken)

»In dem Augenblick, in dem du von etwas überzeugt bist,
von diesem Augenblick an wird dein Traum Wirklichkeit werden.«

(P.Collier)

»Die große Schuld des Menschen ist,
dass er jeden Tag zur Umkehr fähig ist, und es nicht tut.«

(Albert Schweitzer)

»Sobald jemand in einer Sache Meister geworden ist,
sollte er in einer neuen Sache Schüler werden.«

(Gerhard Hauptmann)

»Habe keine Angst davor, dass dein Leben eines Tages endet.
Fürchte mehr, dass du versäumst, es richtig zu beginnen.«

(Kardinal Newman)

»Vielleicht wird es uns einmal gelingen, die Angst vor dem Tod zu
überwinden, aber viel wichtiger ist es, die Angst vor dem Leben zu
überwinden.«

(Jorge A. Livraga)

»Wir verlangen, das Leben müsse einen Sinn haben.
Aber es hat nur genau so viel Sinn, wie wir ihm geben.«

(Hermann Hesse)

»Wer einmal sich selbst gefunden hat,
der kann nichts auf dieser Welt mehr verlieren.«

(Stefan Zweig)

»Jeder Rausch macht uns zu etwas, was wir nicht sind
und nimmt uns die Chance, das, was wir sind,
zu dem zu machen, was wir sein wollen.«

(Bodo Schäfer: Ungetaufte Gedanken)

»Manche Menschen bleiben arm,
weil sie alles daransetzen, als reich zu gelten.«

(unbekannt)

»Ein Mann ohne Geld ist wie ein Bogen ohne Pfeil.«

(Alphonse Allais)

»In dem Augenblick, in dem du von etwas überzeugt bist,
von dem Augenblick an wird dein Traum Wirklichkeit werden.«

(Robert Koller)

»Warum ist der Mensch häufiger krank als der Vogel, der Bison oder
der Puma? Weil er den harmonischen Pakt der Kräfte gebrochen hat,
indem er in einer oft schwer zu erreichenden Tiefe schlechte Gedanken in seinen Geist eingelassen hat. Es bedarf der ganzen Kunst des
Medizinmannes, um in sich selbst hinabzutauchen und die kranke
Seele zu heilen.«

(Indianische Weisheit)

»Um große Erfolge zu erreichen, muss Großes bewegt werden.«

(Helmuth von Moltke)

»Ohne Gäste wären alle Häuser Grüfte.«

(Khalil Gibran)

»Bist du in Begleitung, ist es nötig, dass du auf deine Worte achtest.
Bist du alleine, ist es nötig, dass du auf deine Gedanken achtest.«

(Chao-Hsiu Chen)

»Geld allein macht nicht glücklich, aber es gestattet immerhin,
auf angenehme Weise unglücklich zu sein.«

(Jean Marais)

»Alles hat sich geändert, nur das menschliche Denken nicht.«

(Albert Einstein)

»Der große Nachteil des Kapitalismus:
Alles, was keinen Preis hat, wird vom Markt ignoriert.«

(Bodo Schäfer: Ungetaufte Gedanken)

»Gläubiger haben ein besseres Gedächtnis als Schuldner.«

(Benjamin Franklin)

»Das Schicksal nimmt nichts, was es nicht gegeben hat.«

(Seneca)

»Alles, was uns wirklich nützt, ist für wenig Geld zu haben.
Nur das Überflüssige kostet viel.«

(Axel Munthe)

»Geld ist ein guter Diener, aber ein schlechter Herr.«

(unbekannt)

»Positive Einstellung ist die wundervolle Begabung,
aus jeder noch so misslichen Situation das Beste zu machen.«

(unbekannt)

»Sorgen sind wie Gespenster:
Nur wer an sie glaubt, fürchtet sich vor ihnen.«

(Bodo Schäfer: Ungetaufte Gedanken)

»Es gibt keinen Gegensatz von Nacht und Tag, Vergangenheit und Zukunft. Die Sonne und der Mond scheinen zur gleichen Zeit.«

(Drukpa Rinpoche)

»Wer in die Fußstapfen eines anderen tritt, hinterlässt nie einen eigenen Abdruck.«

(unbekannt)

»Optimisten leben genauso einseitig wie Pessimisten, aber sie leben angenehmer.«

(Charly Rivel)

»Fremde Fehler beurteilen wir wie Staatsanwälte, die eigenen wie Verteidiger.«

(aus Brasilien)

»Wer nur um Gewinn kämpft, erntet nichts, wofür es sich zu leben lohnt.«

(unbekannt)

»Geld ist wie ein Arm oder ein Bein – benutze es oder verliere es.«

(Henry Ford I.)

»Die Liebe nimmt nicht, sie gibt.«

(Tibetische Weisheit)

»Das Geld eines Geizigen ist wie eine untergehende Sonne; kein Mensch hat gut davon.«

(Matthias Claudius)

»Wer gegen arme, hilflose Mitgeschöpfe, die unter ihm stehen, erbarmungslos gewesen ist, hat kein Recht, wenn er in hilflose Lage kommt, zu einem höher stehenden Wesen zu beten: Herr erbarme dich meiner!«

(Bertha von Suttner, Schriftstellerin,
erhielt 1905 den Friedensnobelpreis)

»Lebensklugheit bedeutet, alle Dinge möglichst wichtig, aber keines völlig ernst zu nehmen.«

(unbekannt)

»Man hilft den Menschen nicht, wenn man für sie tut, was sie selbst tun können.«

(Abraham Lincoln)

»Wirf jeden Tag etwas von dem Ballast ab,
der deine Seele beschwert und deine Tatkraft hemmt.
Eine Furcht, eine Sorge, eine Enttäuschung,
einen Hass, einen Neid, einen Ärger, eine Trägheit.
Nur zu oft ist das größte Hindernis auf unserem Weg zum Erfolg
allein das unbestimmte Gefühl, dass herausragende Leistungen,
Wohlstand, Glück für uns unerreichbar sind.
Loslassen können ist das große Geheimnis
aller erfolgreichen Menschen.«

(unbekannt)

»Ein kluger Mann macht nicht alle Fehler selbst.
Er gibt auch anderen eine Chance.«

(Winston Churchill)

»Geld haben ist schön, solange man nicht die Freude an Dingen verloren hat, die man nicht mit Geld kaufen kann.«

(Salvador Dali)

»Wer es immer behaglich will, wechselt alles aus, was unbehaglich erscheint – auch Menschen.«

(Bodo Schäfer: Ungetaufte Gedanken)

»Alles beginnt heute.«

(Tibetische Weisheit)

»Wir sollten daran danken, dass viele Dinge, die vor tausend Jahren als unerklärlich galten, heutzutage von jedermann verstanden werden, und dass wir auch für solche Dinge, die uns heute noch geheimnisvoll erscheinen, in einigen Jahren eine gesetzmäßige Erklärung finden können.«

(Sri Ananda Mohan)

»Endlich weiß ich, was den Menschen vom Tier unterscheidet: Geldsorgen.«

(Jules Renard)

»Streb nicht nach unredlichen Gewinnen: Unredliche Gewinne sind Verluste!«

(Hesiod um 700 v. Chr.)

»Der Berufene häuft keinen Besitz auf.
Je mehr er für andere tut, desto mehr besitzt er.«

(Laotse)

»Nur wer für den Augenblick lebt, lebt für die Zukunft.«

(Heinrich von Kleist)

»Der Grund, warum manche Mitarbeiter auf der Leiter des Erfolgs
nicht so recht vorankommen, ist darin zu suchen,
dass sie glauben, sie stünden auf einer Rolltreppe.«

(unbekannt)

»Einkommen und Vermögen sind keine Schande,
höchstens die Art, wie sie zustande kommen.«

(Bruno Kreisky)

»Erweitere den Kreis deiner Freunde bis hin zu den Bäumen, den
Bergen, den Sternen. Erkenne in jedem Ding dieselbe Erscheinung,
dieselbe Familie, die beschützt und Leben schenkt. Erkenne denselben Geist, das heißt dieselbe Liebe.«

(Indianische Weisheit)

»Das Zaudern, das in ruhigen Zeiten nützlich ist,
bringt Menschen in unruhigen Zeiten den Untergang.«

(Alphonse de Lamartine)

»Hüte dich, solange du lebst, die Leute nach ihrem Äußeren zu
beurteilen.«

(Jean de La Fontaine)

»Ein wahres Sprichwort, dass, wenn du mit einem Lahmen lebst, du selbst hinkend wirst.«

(Konrad Adenauer)

»Wenn das, was du am besten kannst, deiner Firma nicht wirklich hilft, bist du im falschen Geschäft.«

(Bodo Schäfer: Ungetaufte Gedanken)

»Wenn du einen Würdigen siehst, so sei darauf bedacht, ihm gleich zu werden. Wenn du einen Unwürdigen siehst, so prüfe dich selbst in deinem Inneren.«

(Chinesische Weisheit)

»Geld ist geprägte Freiheit.«

(Fjodor M. Dostojewskij)

»Wer sich zu groß fühlt, um kleine Aufgaben zu erfüllen, ist zu klein, um mit großen Aufgaben betraut zu werden.«

(Jacques Tati)

»Wer einen Stein ins Wasser wirft, verändert das Meer.«

(Paul Mommertz)

»Mensch, lerne, lerne, frage, frage, und schäme dich nicht, zu lernen und zu fragen.«

(Paracelsus)

»Wenn du den Himmel, die Erde und alle Lebewesen verstehen möchtest, dann beginne mit einem Reiskorn.«

(Chao-Hsiu Chen)

»Das Grundgesetz des Lebens ist die Freude.
Glückliche Menschen gehen leichter durchs Leben,
ohne oberflächlich zu sein.
Sie genießen Dinge, die ihnen gelungen sind.
Sie halten sich nicht mit Misserfolgen auf
und geben anderen ein beredtes Beispiel für gelebtes Glück.
Mehr tun, weniger reden ist ihre erfolgreiche Devise.
Ihnen gelingen die meisten Dinge,
von denen andere nur träumen können.
Glück bekommt, wer es verursacht.
Geld macht jeden glücklich, der es vertrauensvoll erkennt.«

(unbekannt)

»Stress und Erschöpfung entstehen in deinem eigenen Geist, der umherstreunt und sich Phantasiespielen hingibt. Dein Denken ist immer auf das Bedauern über Vergangenes oder auf Bilder einer idealen Zukunft ausgerichtet. Aber das sind nur Trugbilder, die zu nichts anderem führen als zu Leid und Einsamkeit, weil sie in Dimensionen angesiedelt sind, die gar nicht existieren. Nur die Gegenwart ist wirklich. Sie ist deine Lebenskraft, aus der heraus du etwas unternehmen, aufbauen und dein Leben verwirklichen kannst.«

(Drukpa Rinpoche)

»Ob ein hohes Ziel und eine Begeisterung echt sind,
das merkt man nicht in den feierlichen Stunden,
sondern im Alltag.
Ob einer ernst macht,
sieht man nicht an den großen Entschlüssen,
sondern an der kleinen Arbeit.«

(Romano Guardini)

»Geld gleicht dem Dünger, der wertlos ist,
wenn man ihn nicht ausbreitet.«

(Francis Bacon)

»Wer jenen nicht gehorcht, die besser sind als er selbst,
hat nicht das moralische Recht, anderen Befehle zu erteilen.«

(Jorge A. Livraga)

»Positiv denkende Menschen kommen nicht als Optimisten auf die
Welt, sie werden es erst durch ihre eigene Erziehung.«

(unbekannt)

»Erfahrung ist eine verstandene Wahrnehmung.«

(Immanuel Kant)

»Wir alle leben unter dem gleichen Himmel,
aber wir haben nicht alle den gleichen Horizont.«

(Konrad Adenauer)

»Vertrauen ist wie ein Eiswürfel, einmal geschmolzen,
kehrt er nie wieder zurück.«

(unbekannt)

»Nur wenn man das Unerreichbare anstrebt, gelingt das Erreichbare.«

(Miguel de Unamuno y Jugo)

»Glück hat auf die Dauer nur der Tüchtige.«

(Helmuth von Moltke)

»Du bist ein Gewinner, immer wenn du dir auch in Triumph und Niederlagen treu bleiben kannst, weil du beides nicht mit deinem Ich verwechselst.«

(Bodo Schäfer: Ungetaufte Gedanken)

»Gute Manieren ohne Aufrichtigkeit gleichen einer schönen aber toten Frau. Aufrichtigkeit ohne Manieren gleicht dem Messer eines Chirurgen, das zwar seine Wirkung tut, aber äußerst unangenehm ist. Doch Ehrlichkeit, gepaart mit Höflichkeit, ist nicht nur heilsam, sondern auch bewundernswert.«

(Sri Yukteswar)

»Ewiges Glück kommt von innen.«

(unbekannt)

»Gott hat uns die Zeit gegeben, der Teufel die Eile.«

(unbekannt)

»Dem Geld darf man nicht nachlaufen, man muss ihm entgegengehen.«

(Aristoteles Onassis)

»Holzhacken ist deshalb so beliebt,
weil man bei dieser Tätigkeit den Erfolg sofort erreicht.«

(Albert Einstein)

»Jede Zeit glaubt, ihr Kampf sei von allen der wichtigste.«

(Heinrich Heine)

»Derjenige, der Wohlstand verliert, verliert viel.
Wer einen Freund verliert, verliert mehr.
Doch derjenige, der seinen Mut verliert, verliert alles.«

(Miguel de Cervantes)

»Wir werden nicht für das Anfangen belohnt,
sondern für das Beenden.«

(unbekannt)

»Bei der Geburt schon Wissen zu haben, das ist die höchste Stufe.
Durch Lernen Wissen zu erwerben, das ist die nächste Stufe. Schwierigkeiten haben und doch zu lernen, das ist die übernächste Stufe.
Schwierigkeiten haben und nicht lernen: das ist die unterste Stufe des gemeinen Volks.«

(Chinesische Weisheit)

»Viele Menschen ...
wagen alles, sobald es um nichts geht.
Sie riskieren aber nichts, wenn es um alles geht.
Dabei suchen sie manchmal den Nervenkitzel in der steilen Felswand, beim Bungee- oder Fallschirmspringen.
Geht es aber darum, in der eigenen beruflichen Existenz etwas zu wagen, auf neue Ideen zu setzen, hört die Risikofreude schnell auf.
Da geht man doch lieber in den öffentlichen Dienst oder lässt sich in großen Unternehmen mit ähnlichen Hierarchien und geregelter Arbeitszeit anstellen.
Dabei brauchen wir mehr Selbständige, insbesondere in neuen, innovativen Arbeitsbereichen.«

(unbekannt)

»Verfüge nie über Geld, eh du es hast!«

(unbekannt)

»Ändere dich, und die Welt wird sich verändern.«

(Tibetische Weisheit)

»Geld hat noch keinen reich gemacht.«

(Seneca)

»Es gibt keinen Reichtum außer dem Leben.«

(unbekannt)

»Erwarte nichts von den anderen, wenn du selbst noch nichts gegeben hast. Nimm dir ein Beispiel an der heiligen Erde, die stets gibt, ohne Unterlass erneuert, alles wieder gebiert und niemals etwas zurückhält.«

(Indianische Weisheit)

»Um glücklich zu sein, muss man seine Vorurteile abgelegt
und seine Illusionen behalten haben.«

(Gabrielle Marquise du Châtelet)

»Fenster zu dir
Ich lösche das Licht meines Zimmers,
um den Schnee und die Bäume zu sehen.
Und durch das Fenster sah ich den Schnee
und die Bäume und auch den Neumond.
Doch dann sah ich, dass Schnee, Baum und Mond
nur wieder Fenster sind,
und durch diese Fenster siehst du mich an.«

(nach Ernesto Cardenal)

»Um die Natur zu beherrschen, müssen wir erst lernen,
ihr zu gehorchen.«

(Pythagoras)

»Ich weiß nicht, wie der liebe Gott einmal bei der großen Abrech-
nung mein Lebenswerk bewerten wird, ich habe in den letzten
Wochen über 50 Partiturseiten Parsifal geschrieben und drei jungen
Hunden das Leben gerettet – warten wir ab, was gewichtiger auf die
Waagschale drücken wird.«

(Richard Wagner)

»Hüte dich vor negativen Gedanken, denn sie greifen Körper und
Geist an. Sie sind die ersten Symptome des Übels. Heile deinen
Geist, wenn du deinen Körper heilen willst. Schule dich in positivem
Denken, selbst in den Prüfungen deines Lebens.

(Drukpa Rinpoche)

»Verzicht auf den Gegenstand der Begierde ohne Verzicht auf die Begierde selbst ist kurzlebig, so sehr man sich auch bemühen mag.«

(Nishklanand)

»Es ist mein Glück, dass ich die kindliche Gabe bewahrt habe, die
Logik der Natur auch im Leben umzusetzen. Ich halte meine Augen in der Natur immer offen. Durch ständiges Beobachten meiner
Mitlebewesen entdecke ich die Wege, ein erfolgreiches Leben in
Harmonie miteinander zu führen. Zum obersten Prinzip wurde es
mir, die Natur zu begreifen und sie nicht, wie in der Ausbildung an-
erzogen, zu bekämpfen. Jedes Tier und jede Pflanze hat ihre Aufgabe
in der Schöpfung. Zu Problemen kommt es nur, wenn der Mensch
die Geschichte falsch lenkt.«

(Sepp Holzer)

»Wahre Freundschaft ist ein Seeleneinklang,
der nur selten auf dieser Welt zu finden ist.
Nur zwischen gleichgearteten Naturen
kann Freundschaft überhaupt fruchtbar und dauerhaft sein.
Freunde beeinflussen sich gegenseitig.«

(Mahatma Gandhi)

»Angst existiert gar nicht. Sie hat keine Identität, keine persönliche
Realität. Sie braucht dich, um leben zu können, deine Zweifel, deine
Schwächen.«

(Tibetische Weisheit)

»Eine Menschheit, die kein geistiges Ziel hat,
ist dem Untergang geweiht.«

(unbekannt)

»Und wer Freund mit Gott sein will, muss entweder allein bleiben
oder sich die ganze Welt zum Freunde machen.«

(Mahatma Gandhi)

»Es sind die irdischen Wünsche,
die uns aus dem inneren Eden vertreiben;
sie gaukeln uns trügerische Freuden vor,
die wir irrtümlicherweise für wahres Glück halten.«

(Sri Yukteswar)

»Wenn du Gott nicht im Sommer deines Lebens einlädst,
wird Er auch im Winter nicht dein Gast sein.«

(Lahiri Mahasaya)

»Die größte Entdeckung unserer Generation besteht darin,
dass der Mensch fähig ist, sein Leben zu ändern,
indem er seine Gedanken ändert.
Denn unsere Gedanken bestimmen unser Schicksal.«

(William James)

»Alles, was wir sind, ist das Ergebnis dessen,
was wir gedacht haben.«

(Buddha)

»Wir dürfen nicht um die Toten trauern,
die trotz all unsrer Trauer nicht zu uns zurückkehren werden.
Wir müssen für die Lebenden streiten.«

(Mahatma Gandhi)

»Liebe die Tiere, liebe jedes Gewächs und jegliche Dinge!
Wenn Du alles liebst, so wird sich Dir das Geheimnis Gottes in allen
Dingen offenbaren,
und Du wirst schließlich alle Welt mit Liebe umfassen!«

(Fjodor Dostojewski)

»Du kannst den anderen nur lieben, wenn du dich selbst liebst.«

(Tibetische Weisheit)

»In einem oberflächlichen Menschen
verursachen die kleinen Fische der Gedanken lebhafte Wellen;
in einem tiefen Geist rufen die Wale der Inspiration
kaum ein Kräuseln hervor.«

(Hindu-Sprichwort)

»Denkst du, dass du kein Unrecht tust,
wenn du für dich selbst behältst,
was als Lebensunterhalt für viele dienen könnte?
Es ist das Brot der Hungrigen, das du nimmst,
die Kleidung der Nackten,
jenes Geld, das die Erlösung der Armen darstellt...«

(St. Ambrosius von Mailand)

»Aber wenn das Symbol zu einem Fetisch entartet und zu einem Mittel, die Überlegenheit der eigenen Religion über andere zu betonen, verdient es nur, abgelegt zu werden.«

(Mahatma Gandhi)

»Geistige Verwandtschaft ist viel wertvoller als körperliche. Körperliche Verwandtschaft ohne geistige ist wie ein Körper ohne Seele.«

(Mahatma Gandhi)

»Diejenigen, die zu gut für diese Welt sind,
befinden sich schon längst in einer anderen.
Solange du die freie Luft der Erde atmest,
bist du ihr auch zu Dank verpflichtet
und musst ihr gewisse Dienste leisten.«

(Sri Yukteswar)

»Um den allwaltenden und alldurchdringenden Geist der Wahrheit von Angesicht zu Angesicht zu schauen, muss man zuvor gelernt haben, sogar das geringste Wesen der Schöpfung zu lieben wie sich selbst.«

(Mahatma Gandhi)

»Unser Leben ist das, was unsere Gedanken daraus machen.«

(Marc Aurel)

»Wenn die Menschen mich lieben, so habe ich sie sicher erst geliebt; wenn die Menschen mich hassen, so habe ich sie sicher erst gehasst.«

(Chinesische Weisheit)

»Ich glaube an die Wahrheit.
Sie zu suchen, nach ihr zu forschen in und um uns,
muss unser höchstes Ziel sein.
Damit dienen wir vor allem dem Gestern und dem Heute.
Ohne Wahrheit gibt es keine Sicherheit und keinen Bestand.
Fürchtet nicht, wenn die ganze Meute aufschreit.
Denn nichts ist auf dieser Welt so gehasst
und gefürchtet wie die Wahrheit.
Letzten Endes wird jeder Widerstand
gegen die Wahrheit zusammenbrechen,
wie die Nacht vor dem Tag.«

(Theodor Fontane)

»Der Tag wird kommen, an dem die Menschen über die Tötung eines Tieres genau so urteilen werden, wie sie heute die eines Menschen beurteilen. Es wird die Zeit kommen, in welcher wir das Essen von Tieren ebenso verurteilen, wie wir heute das Essen von unseresgleichen, die Menschenfresserei verurteilen.«

(Leonardo da Vinci)

»Nicht das Gesicht hat Schönheit; Schönheit ist ein Licht im Herzen.«

(Khalil Gibran)

»Erkenne, dass die Furcht vor den anderen vor allem die Furcht vor dir selbst ist.«

(Tibetische Weisheit)

»Nur das, was in uns liegt,
können wir auch in der Außenwelt wahrnehmen.
Wenn wir keinen Göttern begegnen, so deshalb nicht,
weil wir keine in uns tragen.«

(Emerson)

»Nähere dich deinem Bruder mit einem Gefühl von Freundschaft und Achtung. Er ist nicht nur dein Bruder im Schmerz und in der Einsamkeit, sondern ein Beweis für das Wunder des Lebens. Wie du ist er Träger eines Atems und einer Seele, lebendiges Bild des Großen Geistes des Universums.«

(Indianische Weisheit)

»Eine gute Tat vollendet man, indem man die Undankbarkeit verzeiht.«

(Marie-Terese Geoffrin)

»Beginne jetzt sofort, ein Leben zu leben, das du, deiner Berechnung nach, erst im Angesicht des Todes beginnen würdest zu leben.«

(Marc Aurel)

»Sei dir bewusst, dass jeder schlechte Gedanke deine Entschlossenheit mindert, deine Willenskraft schwächt, eine Bresche öffnet und der Krankheit den Boden bereitet.«

(Drukpa Rinpoche)

»Ob du daran glaubst oder nicht, hat wenig zu bedeuten. Man muss sich zu wissenschaftlichem Denken erziehen und feststellen, ob eine Sache wahr ist. Das Gesetz der Schwerkraft wirkte z.B. vor Newtons Entdeckung mit derselben Präzision wie danach. Der Kosmos würde sich in einem ziemlichen Chaos befinden, wenn seine Gesetze nicht eher zur Wirkung gelangen könnten, als bis sie vom menschlichen Glauben sanktioniert werden.«

(Sri Yukteswar)

»Tiere sind meine Freunde, und ich esse meine Freunde nicht.«

(George Bernhard Shaw, 1856 bis 1950)

»Die Menschheit, die sich selbst für so vielschichtig hält, besteht in den Augen eines Meisters nur aus zwei Gattungen: aus den Unwissenden, die Gott nicht suchen, und den Weisen, die Gott suchen.«

(Paramahansa Yogananda, »Autobiographie eines Yogi«)

»Du sprichst: ›Ich bin reich und habe gar satt und bedarf nichts!‹ und weißt nicht, dass du bist elend und jämmerlich, arm blind und bloß.«

(Offenbarung 3,17)

»Solange Menschen denken, dass Tiere nicht fühlen, müssen Tiere fühlen, dass Menschen nicht denken.«

(unbekannt)

«Das Selbstvertrauen setzt zwei Haltungen voraus, die gleichzeitig aktiv sein müssen: Klarheit und Leidenschaftlichkeit.«

(Tibetische Weisheit)

»Tierschutz ist Erziehung zur Menschlichkeit.«

(Albert Schweitzer, 1875 bis 1965)

»Wenn auf der Erde die Liebe herrschte,
wären alle Gesetze entbehrlich.«

(Aristoteles)

»In jeder Minute, die man mit Ärger verbringt,
versäumt man sechzig glückliche Sekunden.«

(Maugham William Somerset, England, 1874 bis 1965)

»Das Glück deines Lebens hängt ab
von der Beschaffenheit deiner Gedanken.«

(Mark Aurel)

»Ein großer Mensch ist derjenige,
der sein Kinderherz nicht verliert.«

(James Legge, 1815 bis 1897)

»Wenn du trinkst, vergiss die Quelle nicht.«

(unbekannt)

»Die Grausamkeit gegen die Tiere und auch schon die Teilnahmslosigkeit gegenüber ihren Leiden ist meiner Ansicht nach eine der schwersten Sünden des Menschengeschlechts. Ich habe niemals an diese Millionen von still und geduldig ertragenen Leiden denken können, ohne von ihnen bedrückt zu werden. Wenn der Mensch so viel Leiden schafft, welches Recht hat er dann, sich zu beklagen, wenn auch er selber leidet?«

(Romain Rolland, franz. Dichter, Nobelpreisträger)

»Ich freue mich, wenn ich meinen Reichtum
mit anderen teilen kann.
Ist das etwa ein Opfer?
Die eigentlich Entsagenden
sind die kurzsichtigen weltlichen Menschen,
die um des armseligen irdischen Flitterwerks willen
auf unvergleichliche göttliche Reichtümer verzichten.«

(Bhaduri Mahasaya)

»Die unüberwindlichste Barriere in der Natur besteht zwischen
den Gedanken eines Menschen und denen eines anderen.«

(William James)

»Wunder stehen nicht im Gegensatz zur Natur,
sondern nur im Gegensatz zu dem,
was wir über die Natur wissen.«

(Augustinus)

»Alle Lebewesen haben dasselbe Recht,
die Luft der Maya zu atmen.«

(Sri Yukteswar)

»Was wir heute tun, entscheidet darüber,
wie die Welt von morgen aussieht.«

(Marie von Ebner-Eschenbach)

»Es gibt keinen Regenbogen ohne Regen.«

(unbekannt)

»Der Mensch ist das einzige Lebewesen, das seine Natur verleugnet und meint, das wäre erfolgreicher als etwas, das seinem Wesen entspricht. Wir tragen Masken, wir spielen Rollen.«

(Vera F. Birkenbihl)

»Vollkommenheit ist ein Konzept,
das auf menschliche Wesen nicht anwendbar ist.«

(Wayne Dyer)

»Nichts ist verblüffender als die Wahrheit,
nichts exotischer als unsere Umwelt,
nichts fantastischer als die Wirklichkeit.«

(Egon Erwin Kisch, Schriftsteller)

»Du bist heute, was du gestern gedacht hast –
du wirst morgen sein, was du ab heute gedacht haben wirst.«

(Buddha)

»Was wir wirklich wollen, kann uns kein anderer Mensch geben –
und keiner nehmen.«

(Bodo Schäfer: Ungetaufte Gedanken)

»Die beste Zeit, einen Baum zu pflanzen, war vor 20 Jahren –
die zweitbeste ist heute.«

(altes chin. Sprichwort)

»Fürchte dich nicht vor der Einsamkeit, wenn du ihr begegnest.
Sie ist die Gelegenheit, dich selbst wieder zu finden und dich zu
stärken.«

(Tibetische Weisheit)

»Glück entsteht oft durch Aufmerksamkeit in kleinen Dingen.«

(Wilhelm Busch)

»Selbst ein Weg von tausend Meilen beginnt mit einem Schritt.«

(japanische Weisheit)

»Wem das Lachen fehlt, dem fehlt ein Flügel.«

(Truman Capote)

»Die letzte aller menschlichen Freiheiten ist die,
seine Einstellung in jeder gegebenen Situation selbst zu wählen.«

(Victor Frankl)

»... dir geschehe, wie du geglaubt hast ...«

(Matth. 8:13)

»Brüderlichkeit beschränkt sich nicht auf die Gemeinschaft der
Menschen und ihre unmittelbare Umgebung. Sie erstreckt sich bis
zu den entferntesten Gestirnen.«

(Indianische Weisheit)

»Jagd ist immer eine Form von Krieg.«

(Johann Wolfgang v. Goethe)

»Jägerei ist eine Nebenform menschlicher Geisteskrankheit.«

(Theodor Heuß, 1. Bundespräsident der BRD)

»Die einzige Sünde ist Unwissenheit.«

(Buddha)

»... dass du die Gottesgabe anfachst, die in dir ist.«

(2. Tim. 1: 6)

»Wer Menschen zu sehr erhebt, erniedrigt Gott.«

(Bodo Schäfer: Ungetaufte Gedanken)

»Die Wechselfälle des Lebens sind nicht deine Widersacher, sondern
deine Verbündeten. Lerne, sie anzunehmen, auch wenn du sie als
störend empfindest. Das Annehmen ist die höchste Form der Liebe.
Es ist das endgültige »Ja« zur geheiligten Erfahrung des Lebens.«

(Drukpa Rinpoche)

»Ich habe keine Zeit, mich zu grämen: Ich lebe gerade.«

(Bodo Schäfer: Ungetaufte Gedanken)

»Innerer Frieden kennt keine äußeren Feinde.«

(Dr. Joseph Murphy)

»In dir lernt ein Engel den Gang auf der Erde.
Dein Lächeln öffnet den Himmel.
Wie reich ich bin, seit ich dich kenne.
Wenn ich an dich denke, ist großer Jubel in mir.
Seit ich dich kenne, glaube ich wieder an Gott.
Weil ich dich liebe, brauche ich wieder den Himmel:
für dich
für uns.
Du bist ein Geschenk des Himmels.«

(Jürgen Amann)

»Lass nicht zu, dass du jemandem begegnest,
der nicht nach der Begegnung mit dir glücklicher ist.«

(Mutter Theresa)

»Manchmal
lebe ich
vollkommen
gottlos
dann hör ich
ein Gras
das singt
und alles
ist anders«

(Josef Fink)

»Nichts ist zu schön, um wahr zu sein –
nichts zu wunderbar, um von Dauer zu sein.«

(Dr. Joseph Murphy)

»Wisst ihr nicht, dass ihr Gottes Tempel seid
und dass der Geist Gottes in euch wohnt?«

(1. Kor. 3:16)

»Sobald wir zur ›Ein-Sicht‹ kommen,
erkennen wir das Eine zwischen den Polen;
die scheinbare Dualität verschwindet.
Weil Gegensätze in ihrer wahren Natur eins sind,
können wir sie jederzeit ins Gegenteil verwandeln.«

(Prof. Kurt Tepperwein)

»Vom Tiermord zum Menschenmord ist nur ein kleiner Schritt«

(Leo Tolstoj)

»Vergiss es nicht, Mensch!
Alles, was du bist, alles, was du willst, alles, was du sollst,
geht von dir selbst aus.«

(Johann H. Pestalozzi)

»Wer nicht an Wunder glaubt, ist kein Realist.«

(Sprichwort)

»Wandelt euch um, durch die Erneuerung eures Sinnes.«

(Röm. 12:2)

»Was der Mensch erfahren in vielen Jahren, macht sein Leben nicht
aus.
Was er mit Händen konnte vollenden, füllt oft kein Haus.
Doch was er im Stillen um der Lieben willen tut oder leid't,
reicht von der Erdenzeit in die Ewigkeit.«

(Paula Grogger)

»Jegliches Beweismaterial unterstützt die Behauptung,
dass die höheren säugenden Wirbeltiere über eine mindestens
ebenso ausgeprägte Schmerzempfindung verfügen wie wir selbst.«

(Richard Serjeant)

»Gib jedem Tag die Chance, der schönste deines Lebens zu werden.«

(Mark Twain)

»Du sollst die Kindlichkeit wieder finden, so wie ein Blinder sein Augenlicht wiedererlangt.«

(Tibetische Weisheiten)

»Heutzutage ist die ganze Welt im Zweifel über Recht und Unrecht und im Irrtum über Gut und Schlecht. Aber es sind so viele, die an derselben Krankheit leiden, darum merkt es keiner.«

(Liezi)

»Gottes Gesetze stehen nicht in irgendeinem Buch, sondern in der Natur geschrieben.«

(Baruch de Spionza)

»Willst du frei von Furcht sein, musst du frei von der Zeit sein, du musst zeitlos leben, verschwende keine Gedanken an die Vergangenheit noch an die Zukunft, lebe vollkommen im Hier und Jetzt, in der Gegenwart, und du wirst frei von der Furcht sein.«

(Krishnamurti)

»Bestätige die Welt in deinen Gedanken und Handlungen auf positive Weise. Betrachte die gesamte Schöpfung mit Respekt und Staunen.«

(Drukpa Rinpoche)

»Ich interessiere mich nicht sonderlich für die Religion eines Menschen, wenn sie nicht auch zum Nutzen seines Hundes oder seiner Katze ist.«

(Abraham Lincoln)

»Jede Religion, die nicht auf einem Respekt vor dem Leben basiert,
ist keine wahre Religion …
Bis er nicht seinen Kreis des Mitgefühls auf alle Lebewesen ausdehnt,
wird der Mensch selbst keinen Frieden finden.«

(Albert Schweitzer)

»Es entspricht ganz der menschlichen Eitelkeit und Unverschämtheit,
ein Tier dumm zu nennen, nur weil es seiner schwachen menschlichen Wahrnehmung als dumm erscheint.«

(Mark Twain)

»Ein Kind zu lehren, nicht auf eine Raupe zu treten,
ist ebenso wichtig für das Kind wie für die Raupe.«

(Bradley Miller)

»Ich habe keinen Zweifel, dass es ein Teil der evolutionären Entwicklung des Menschen ist, das Essen von Tieren einzustellen,
ebenso wie die Naturvölker aufhörten, sich untereinander zu essen,
als sie mit den Zivilisierten in Kontakt kamen.«

(Thoreau)

»Lerne deine Brüder aus anderen Reichen der Schöpfung, die Tiere, die Pflanzen, zu respektieren, denn auch sie leben und gehören
derselben Schöpfung an.«

(Indianische Weisheit)

»Es ist des Menschen Mitgefühl mit allen Kreaturen,
das ihn erst zum wahren Menschen macht.«

(Albert Schweitzer)

»Die Größe und den moralischen Fortschritt einer Nation lässt sich daran ermessen, wie sie ihre Tiere behandelt.«

(Mahatma Gandhi)

»Wer aber das Äußere wichtig nimmt, der wird in seinem Inneren betört.«

(Chinesische Weisheit)

»Es gibt einen einzigen Zauber, eine einzige Kraft, eine einzige Erlösung und ein einziges Glück, und man nennt es Liebe.«

(Hermann Hesse)

»Der Mensch verfügt über die unbegrenzte Fähigkeit, seine zügellose Gier zu rationalisieren, insbesondere wenn es um etwas geht, das er essen möchte ...«

(Cleveland Amory)

»Wenn wir selbst die lebenden Gräber ermordeter Tiere sind, wie können wir dann auf dieser Welt ideale Bedingungen erwarten?«

(George Bernard Shaw)

»Falls du es begreifen kannst, dann ist es nicht Gott.«

(Hl. Augustinus)

»Mir wird angst und bange um die Menschheit, wenn ich mir vorstelle, dass Gott gerecht ist.«

(Thomas Jefferson)

»Jeder Mensch ist verdammt,
bis in ihm die Menschlichkeit erwacht.«

(Blake)

»Ein Missionar wanderte einst in Afrika, als er plötzlich das bedroh-
liche Stapfen eines Löwen hinter sich vernahm.
›Herr Jesu‹ begann der Missionar sein Gebet, ›gewähre in Deiner
Güte, dass der Löwe hinter mir ein guter christlicher Löwe ist‹.
Und dann, in der Stille, die folgte,
hörte der Missionar auch den Löwen beten:
›Herr Jesu‹, betete er,
›wir danken Dir für die Speise, die Du uns beschert hast.‹«

(Cleveland Amory)

»Bräuche und Traditionen können die Menschen
an jegliche Abscheulichkeit gewöhnen.«

(George Bernard Shaw)

»Wie das Kind ist auch der Weise jemand,
der über alles staunen kann.«

(Tibetische Weisheit)

»Die Menschen graben sich mit ihren eigenen Zähnen ihre Gräber
und sterben auf diese Weise weit häufiger
als durch die Waffen ihrer Feinde.«

(Thomas Moffett)

»Wir sollten nicht trauern über einen Verlust,
sondern dankbar sein, dass etwas unser Leben bereichert hatte,
das so kostbar war, dass wir es vermissen.«

(Bodo Schäfer: Ungetaufte Gedanken)

»Du bist ein Gewinner, immer wenn du die Welt ein wenig besser verlässt, als du sie vorgefunden hast.«

(Bodo Schäfer: Ungetaufte Gedanken)

»Betrachte die Fakten wie ein kleines Kind,
gib dabei alle Vorurteile auf und folge demütig der Natur
in all die Tiefen, die sie dir offenbart,
ansonsten wirst du nichts lernen können.«

(T. H. Huxley)

»Ein guter Wanderer lässt keine Spur zurück.
Ein guter Redner braucht nichts zu widerlegen.«

(Laotse)

»Vorurteile zählen zu den effektivsten arbeitssparenden Methoden;
man kann sich damit eine Meinung bilden,
ohne sich vorher informieren zu müssen.«

(Laurence Peters)

»Häufigster Mord: den töten, der du sein könntest.«

(Bodo Schäfer: Ungetaufte Gedanken)

»Denken Sie an die in einer Eichel konzentrierte gewaltige Energie!
Man vergräbt sie in der Erde,
und sie explodiert zu einem riesigen Eichenbaum!
Vergräbt man ein Schaf,
passiert nichts außer Zersetzungsprozessen.«

(George Bernard Shaw)

»Die Kindlichkeit ist jener verlorene Teil der Ewigkeit,
nach dem wir uns verzehren.«

(Tibetische Weisheit)

»Legen Sie einen Apfel und ein Kaninchen zu einem kleinen Kind in
die Krippe. Wenn das Kind das Kaninchen isst und mit dem Apfel
spielt, dann kaufe ich Ihnen ein neues Auto.«

(Harvey Diamond)

»Nur der Mensch, der zu manchen Taten nicht fähig ist, ist fähig,
Taten zu vollbringen«

(Mengzi)

»Dass die Menschen schon immer Tiere gegessen haben,
dient als Rechtfertigung für die Fortsetzung dieses Brauches.
Gemäß dieser Logik müssten wir auch nicht darum bemüht sein,
die Menschen davon abzuhalten, sich untereinander zu ermorden,
da dies auch seit Anbeginn der Geschichte Bestandteil menschlicher
Verhaltensweisen war.«

(Isaac Singer)

»Fehlt es einem an Gesundheit, so kann sich auch die Weisheit
nicht offenbaren, die Kunst kann nicht erblühen, die Stärke kann
sich nicht entfalten, Reichtümer sind nutzlos und die Vernunft ist
machtlos.«

(Herophilies, 300 v. Chr.)

»Je kleiner ein Mensch, desto tiefer musst du dich vorbeugen,
wenn du nicht arrogant wirken willst.«

(Bodo Schäfer: Ungetaufte Gedanken)

»Wenn die uns als Materie vertrauten Energie-Einheiten eine bestimmte Größe unterschreiten, entziehen sie sich nicht nur der sinnlichen Wahrnehmung, sondern auch der naturwissenschaftlichen Beweisbarkeit.«

(David Bohm, Physiker)

»Werde die Veränderung, die du in der Welt sehen willst.«

(Mahatma Gandhi)

»Vermehrst du durch dein Dasein die Lust der Menschen, auf dieser Erde zu leben?«

(Bodo Schäfer: Ungetaufte Gedanken)

»In der Suche nach Wahrheit finden wir Erleuchtung, nicht in ihrer Verkündigung.«

(Dalai Lama)

»Intoleranz ist die Tyrannei des individuellen Egos, das sich an seiner Obsession festklammert, etwas Besonderes zu sein, sich aber vor der Herausforderung drückt, seine Einzigartigkeit zu akzeptieren.«

(Buch: »Das Herz aller Religionen ist eins«, Dalai Lama, S. 50)

»Wenn ihr euch nicht eurem Feind in Mitgefühl übt, wem gegenüber könnt Ihr euch sonst darin üben?«

(Shantideva)

»Für den normalen Menschen ist Glück Glückssache;
Für den Pessimisten ist es Glück, kein Pech gehabt zu haben;
Für den Depressiven ist die Abwesenheit von Pech
das Indiz für dessen baldiges Erscheinen;
Und für den Erfolgreichen ist es das System,
das er noch nicht kennt.«

(Bodo Schäfer: Ungetaufte Gedanken)

»Für mich ist das Leben eines Lamms nicht weniger wertvoll als das Leben eines Menschen. Und ich würde niemals um des menschlichen Körpers willen einem Lamm das Leben nehmen wollen. Je hilfloser ein Lebewesen ist, desto größer ist sein Anspruch auf menschlichen Schutz vor menschlicher Grausamkeit...«

(Mahatma Gandhi)

»Vertraue den Kindern, höre ihnen zu, lerne, ihr inneres Leben zu teilen. Sie werden dir in schwierigen Situationen riesige Flügel verleihen.«

(Drukpa Rinpoche)

»Ist das Problem so beschaffen, dass es einen Ausweg, eine Lösung gibt, brauchen wir uns darüber keine Sorgen zu machen.
Existiert andererseits aber kein Ausweg, keine Lösung,
macht es ebenso wenig Sinn, sich darüber zu sorgen.«

(Shantideva)

»Eitelkeit spiegelt sich im Spiegel;
Menschlichkeit in den Gesichtern anderer.«

(Bodo Schäfer: Ungetaufte Gedanken)

»... denn sehet, das Reich Gottes ist inwendig in euch.«

(Lukas 17;21)

»Das Sonnenlicht scheint in gleicher Weise
auf ein Stück Kohle und einen Diamanten;
doch der Diamant spiegelt das Licht wider.
So ist es auch mit den reinen Seelen,
die den GEIST kennen und widerspiegeln.«

(Paramahansa Yogananda)

»Das Kind ist mit Spielen beschäftigt,
der junge Mensch mit dem anderen Geschlecht
und der Erwachsene mit Sorgen.
Wie wenige beschäftigen sich mit Gott!«

(Hindu-Sprichwort)

»In der Bibel steht:»Liebe deinen Nächsten wie dich selbst.«
Da darf der Nächste nicht viel erwarten.«

(Bodo Schäfer: Ungetaufte Gedanken)

»Schule dich in der Hingabe des Körpers und des Geistes, wenn du die
Welt gewinnen willst. Du gewinnst nur, was du zu verlieren bereit bist.«

(Drukpa Rinpoche)

»Heutzutage haben wir Angst vor dem Leben und dem Sterben, weil wir
niemals im Augenblick leben. Das Nachdenken entfremdet uns unserem eigenen Zentrum und verstrickt uns in bedrohliche und trostlose
Welten. Der Geist spielt damit, Angst zu erzeugen, wie ein als Gespenst
verkleideter Schauspieler, und wir erzittern, sobald er auftritt. Lerne,
hinter die Masken zusehen.«

(Indianische Weisheit)

»Weltliche Menschen trachten nach den Gaben Gottes;
der Weise aber sucht den Geber selbst.«

(Paramahansa Yogananda)

»Der Frosch trinkt nicht den Teich aus, in dem er lebt.«

(Buddhistisches Sprichwort)

»Die Menschen stürzen sich in Ungemach,
wenn sie als Lehrmeister der andern sich zu gebärden lieben«

(Chinesische Weisheit)

»Alle Materie entsteht und besteht nur durch eine Kraft,
welche das Atom als winzigstes Sonnensystem zusammenhält.
Da es aber im Weltall keine Kraft an sich gibt,
müssen wir hinter dieser Energieform
einen bewussten und intelligenten Geist annehmen.
Dieser ist der Urgrund der Materie!«

(Max Planck)

»Ein Leben ist armselig, wenn es kein höheres Ziel hat als sich
selbst.«

(Bodo Schäfer: Ungetaufte Gedanken)

»Erfahrungen bedeuten gar nichts. Man kann seine Dinge auch
dreißig Jahre lang falsch gemacht haben.«

(Kurt Tucholsky)

»Erfolg SEIN > Erfolg HABEN«

(unbekannt)

»Die Zukunft beginnt immer jetzt.«

(Mark Strand)

Sometimes you win – sometimes you learn

(unbekannt)

»Wenn der Wind der Veränderung weht,
bauen die einen Mauern,
und die anderen setzen Segel.«

(Boris Grundl)

»Liebe + Begeisterung = Erfolg«

(unbekannt)

»Jedes Kalenderblatt ist ein Wertpapier(Aktie)dessen Kurs wir selbst
bestimmen.«

(unbekannt)

»Während das GLÜCK an die Tür klopft sind die meisten Menschen
hinten im Garten und suchen vierblättrige Kleeblätter.«

(unbekannt)

»Wann, wenn nicht jetzt.
Wo, wenn nicht hier.
Wer, wenn nicht wir.«

(John F. Kennedy)

Sein Name war Fleming und er war ein armer schottischer Bauer. Eines Tages, an dem er wie jeden Tag versuchte, den Lebensunterhalt für sich und seine Familie zu verdienen, hörte er plötzlich Schreie aus einer nahen Grube, während er auf dem Acker arbeitete. Er warf sofort seine Schaufel weg und rannte zu der Grube.

Dort sah er einen total hilflosen Jungen, der bis zu seiner Hüfte im schwarzen Morast steckte und erschöpft um sein Leben kämpfte. Der Bauer Fleming half dem jungen Mann aus der Grube und rettete ihn vor einem langsamen und grausamen Tod.

Am nächsten Tag fuhr eine noble Kutsche auf den Hof des Bauern Fleming.
Ein sehr gut gekleideter Mann stieg aus und stellte sich als der Vater des Jungen vor, den der Bauer Fleming am Tag zuvor aus der Grube gerettet hatte.

»Ich möchte Sie bezahlen«, sagte der Geschäftsmann. »Sie haben meinem Sohn das Leben gerettet«.

»Ich kann für das, was ich getan habe, keine Zahlung akzeptieren«, sagte der Bauer Fleming.
»Ich würde es jederzeit wieder tun und erwarte dafür keine Gegenleistung«.
Während er das sagte, kam sein eigener Sohn gerade aus dem Haus und wollte sich an die Arbeit machen, um seinem Vater bei der Feldarbeit auf dem Acker zu helfen.

»Ist das Ihr Sohn?«, fragte der Geschäftsmann den Bauern.
»Ja, das ist er«, sagte dieser voller Stolz.

»Ok, dann möchte ich Ihnen etwas vorschlagen«, sagte der Geschäftsmann.

»Ich möchte, dass Ihr Sohn die gleiche Ausbildung erhält, die besten Schulen besucht, und dass er gefördert wird in seinen Talenten, als wäre es mein eigener Sohn. Ich möchte das bezahlen.«

Bauer Fleming nahm den Vorschlag an.

Der Sohn von Bauer Fleming besuchte die besten Schulen und machte seinen Abschluss an der renommierten »St.Mary's Hospital Medical School« und wurde bald weltbekannt, als Erfinder des Penicillins, Sir Alexander Fleming.

Einige Jahre später wurde der Sohn des Geschäftsmannes schwer krank und bekam eine Lungenentzündung.

Wissen Sie, was sein Leben rettete? Penicillin!

Wissen Sie den Namen des noblen Geschäftsmannes? Lord Randolph Churchill!

Und den Namen seines Sohnes? Sir Winston Churchill!

Und was haben wir aus dieser Geschichte gelernt?

Alles, was Sie in Ihrem Leben Gutes tun, kommt wieder zu Ihnen zurück!

Darum:

Arbeiten Sie so , als würden Sie das Geld nicht brauchen.
Lieben Sie, als wären Sie nie verletzt worden.
Tanzen Sie, als ob niemand zusieht.
Singen Sie, als ob niemand zuhört.
Leben Sie, als wäre es der Himmel auf Erden.

(unbekannt)

Ich habe verstanden, dass ich immer und bei jeder Gelegenheit zur richtigen Zeit am richtigen Ort bin und dass alles, was geschieht, richtig ist – von da an konnte ich ruhig sein. Heute weiß ich: Das nennt man Vertrauen.

Ich konnte erkennen, dass emotionaler Schmerz und Leid nur Warnungen für mich sind, nicht gegen meine Wahrheit zu leben. Heute weiß ich: Das nennt man authentisch sein.

Und ich habe aufgehört, mich nach einem anderen Leben zu sehnen, und konnte sehen, dass alles um mich herum eine Aufforderung zum Wachsen war. Heute weiß ich: Das nennt man Reife.

Ich habe aufgehört, mich meiner freien Zeit zu berauben, und ich habe aufgehört, weiter grandiose Projekte für die Zukunft zu entwerfen. Heute mache ich nur das, was mich innerlich antreibt und mir Freude macht, was ich liebe und was mein Herz zum Lachen bringt, auf meine eigene Art und Weise und in meinem Tempo. Heute weiß ich: Das nennt man Ehrlichkeit.

Ich habe mich von allem befreit, was nicht gesund für mich war, von Speisen, Menschen, Dingen, Situationen und von allem, das mich immer wieder hinunterzog, weg von mir selbst.
Anfangs nannte ich das »Gesunden Egoismus«, aber heute weiß ich: Das ist Selbstliebe.

Ich habe aufgehört, immer Recht haben zu wollen, so habe ich mich weniger geirrt. Heute habe ich erkannt: Das nennt man Demut.

Ich habe mich geweigert, weiter in der Vergangenheit zu leben und mich um meine Zukunft zu sorgen. Jetzt lebe ich nur noch in diesem Augenblick, in dem alles stattfindet. So lebe ich heute jeden Tag und nenne es Bewusstheit.

Ich erkannte, dass mich mein Denken armselig und krank machen kann. Als ich jedoch meine Herzenskräfte anforderte, bekam der Verstand einen wichtigen Partner. Diese Verbindung nenne ich heute Herzensweisheit.

Wir brauchen uns nicht weiter vor Auseinandersetzungen, Konflikten und Problemen mit uns selbst und anderen zu fürchten, denn sogar Sterne knallen manchmal aufeinander und es entstehen neue Welten. Heute weiß ich: Das ist das Leben!

(Charles Chaplin, an seinem 70. Geburtstag, 16. April 1959)

»Ein kleiner Schritt zurück bedeutet nicht, gleich versagt zu haben. Oft ist es nur ein Ausholen zu einem größeren Schritt nach vor.«

(Susanne Krieber)

»Wenn du im Recht bist, kannst du dir leisten, die Ruhe zu bewahren, wenn du im Unrecht bist, kannst du dir nicht leisten, sie zu verlieren.«

(Mahatma Gandhi)

»Mir selber komme ich vor wie ein Knabe, der am Meeresufer spielt und sich daran erfreut, dass er dann und wann einen glatteren Kiesel oder eine schönere Muschel als gewöhnlich findet, während der große Ozean der Wahrheit unerforscht vor ihm liegt.«

(Sir Isaac Newton)

»Die lächerlichsten und kühnsten
Hoffnungen waren manchmal schon
die Ursache außergewöhnlicher Erfolge.«

(Luc de Clapiers de Vauvenargues)

»Wir wagen es nicht, weil es schwer ist,
sondern weil wir es nicht wagen,
ist es schwer.«

(Lucius Annaeus Seneca)

»Bereit sein ist viel, warten zu
können ist mehr, doch erst den rechten
Augenblick abzuwarten ist alles.«

(Arthur Schnitzler)

»Menschen mit einer neuen Idee
gelten so lange als Spinner,
bis sich die Sache durchgesetzt hat.«

(Mark Twain)

»Die Zukunft war früher auch besser!«

(Karl Valentin)

»Da Zeit zum Wettbewerbsfaktor Nr. 1 geworden ist,
muss man das Gras wachsen hören.
Wer auf gesicherte Erkenntnisse wartet,
kann allenfalls noch mit anderen Zauderern
um die Krümel streiten.«

(Bill Gates)

»Genie ist ein Prozent Inspiration
und neunundneunzig Prozent Transpiration«

(Thomas A. Edison)

»Ein Mann kann oft versagen,
aber er wird erst zum Versager,
wenn er beginnt,
andere dafür verantwortlich zu machen.«

*(John Burroughs, amerikanischer
Naturforscher und Autor, 1837 bis 1921)*

»Habe keine Angst vor Widerstand – denke daran,
dass es der Gegenwind und nicht der Rückenwind ist,
der einen Drachen steigen lässt.«

(Schwedisches Sprichwort)

»Echte Würde wird nicht durch Missachtung gemindert.
Die Majestät der Niagarafälle wird nicht geringer,
wenn man hineinspuckt.«

(unbekannt)

»Alle Gebilde der Schöpfung sind Kinder eines Vaters
und daher Brüder.«

(Franz von Assisi)

»In einem Augenblick der Gnade können wir die Ewigkeit in unseren
Händen spüren.«

(Marcel Marceau)

»Die Nichtexistenz eines Beweises
ist nicht der Beweis für Nichtexistenz.«

(Michael Crichton)

»Ich lebe im Reich der Möglichkeiten.«

(Emily Dickinson)

»Zu wissen, was richtig ist, und es nicht zu tun, ist Feigheit.«

(unbekannt)

»Mit der Zeit lernt man, seinen Kurs nach dem Licht der Sterne
zu bestimmen und nicht nach den Lichtern jedes vorbeifahrenden
Schiffes.«

(Manuel Fernández Brunach)

Sieh diesen Tag!
Denn er ist Leben, ja das Leben selbst.
In seinem kurzen Lauf liegt alle Wahrheit,
alles Wesen deines Seins:
Die Seligkeit zu wachsen.
Die Freude zu handeln.
Die Pracht der Schönheit.
Denn gestern ist nur noch ein Traum,
und morgen ist nur ein Bild der Phantasie.
Doch heute, richtig gelebt, verwandelt jedes Gestern
in einen glücklichen Traum.
Und jedes Morgen in ein Bild der Hoffnung.
So sieh denn diesen Tag genau!
Das ist der Gruß der Morgendämmerung.

(Kalidasa)

Und das
H E U T E
ist das
M O R G E N ,
über das Du Dir
G E S T E R N
Sorgen gemacht hast.

(unbekannt)

»Selbst-Respekt ist die Frucht von Disziplin.«

(Abraham Heschel)

»Wir überlisten den Tod nicht, indem wir länger leben,
sondern in dem wir besser leben.«

(Randy Pausch)

»Gesagt ist nicht gehört
gehört ist nicht verstanden
verstanden ist nicht einverstanden
einverstanden ist nicht behalten
behalten ist nicht angewandt
angewandt ist nicht beibehalten.«

(Konrad Lorenz)

»Laufe nicht der Vergangenheit nach
und verliere Dich nicht in die Zukunft.
Die Zukunft ist noch nicht gekommen.
Das Leben ist hier und jetzt.«

(Dalai Lama)

»Jedes einzelne Ding in der Welt, welches jemand glücklich macht,
stammt vom Wunsch andere glücklich zu machen. Jedes einzelne
Ding in der Welt, welches jemand unglücklich macht, stammt vom
Wunsch nur uns glücklich zu machen.«

(Geshe Michael Roach, Juni 2005 in Berlin)

»Nichts wird die Chance auf ein Überleben auf der Erde so steigern,
wie der Schritt zur vegetarischen Ernährung.«

(Albert Einstein)

»Sie sind nicht nur für das verantwortlich, was Sie tun,
sondern auch für das, was Sie nicht tun.«

(Laotse)

»Lebe so, dass Du Dich niemals schämst, wenn etwas,
das Du tust oder sagst in der ganzen Welt verbreitet wird.«

(Richard Bach)

»Es zählt nicht, wie tief Du fällst,
sondern wie hoch Du zurückfederst.«

(Brian Tracy)

»Unsere größte Schwäche liegt im Aufgeben. Der sicherste Weg zum
Erfolg ist immer, es noch einmal zu versuchen.«

(Thomas Alva Edison)

»Erfolg hat nur, wer etwas tut, während er auf den Erfolg wartet.«

(Thomas Alva Edison)

»Was wollen Menschen erreichen, deren Vision noch nicht einmal
über den nächsten Gehaltsscheck hinausgeht?«

(Bernd W. Klöckner)

»Die ehrlichste Methode um festzustellen, ob Du nicht viel lieber
Altes und Bewährtes loslassen würdest, ist, Dich selbst zu fragen, wie
Du handeln würdest, wenn es jemanden gäbe, der Dir garantiert,
dass Du nach dem Loslassen etwas Besseres findest.«

(Bodo Wardin)

»Wer führt, muss nicht managen.«

(Jack Welch)

»Ohne Werbung Geschäfte zu machen ist so, als winke man einem
Mädchen im Dunkeln zu.
Man selbst weiß zwar, was man will, aber niemand sonst.«

(Stuart Hebderson Britt)

»Wer Perlen im Meer finden und aus dem Meer herausholen will, muss sich anstrengen und zunächst tief tauchen, um diese Perlen zu finden. Es hilft nicht, wie ein Verlierer am flachen Strand herumzuplantschen und dann immer wieder beim Auftauchen zu behaupten, im Meer gäb es überhaupt keine Perlen und alle anders lautenden Geschichten seien gefälscht.«

(Sri Sathya Sai Baba)

»In Wahrheit gibt es keine Verlierer. Es gibt nur Menschen, die stets einen Tag zu früh aufhören.«

(K. Walter)

»Es gibt mehr Menschen, die aufgeben, als solche die scheitern.«

(Henry Ford)

»Mann kann alles richtig machen und das Wichtigste versäumen.«

(Alfred Andersch)

Ein Nachwort
(oder so etwas ähnliches …)

Wir sind nun am Ende unserer gemeinsamen Reise angelangt.
Wie kann es nun weitergehen?
Dazu gibt es folgende Möglichkeiten:

1) Sie stellen das Buch ins Bücherregal und lassen es dort.

2) Dieses Buch wird zu einem ständigen Begleiter und Sie haben es immer griffbereit (Nachtkästchen, Arbeitsplatz)

3) Sie bestellen weitere Exemplare und verschenken diese an Menschen, die Ihnen wichtig sind:
www.weisheiten-buch.com

Ich hoffe diese Sammlung aus Gedanken und Weisheiten hat Ihnen gefallen.

Mit den besten Wünschen für Ihre Zukunft.

Ihr
Markus Leyacker-Schatzl

Unser Weisheiten-Newsletter

Sie möchten in Zukunft
ausgewählte Zitate & Weisheiten
automatisch erhalten?

Dann abonnieren Sie
unseren kostenlosen Newsletter auf
www.weisheiten-buch.com

oder auf Facebook:
www.facebook.com/weisheiten.buch

Quellenverzeichnis

In den letzten 10 Jahren wurden alle Zitate dieses Buches aus tausenden Buchseiten, hunderten Zeitschriften und dem Internet zusammengetragen. Es wurde mit besonderer Sorgfalt und Gewissenhaftigkeit zitiert, dennoch ist nicht auszuschließen, dass Fehler aus diesen Quellen übernommen worden sind. Aufgrund der Tatsache, dass aus hunderten Quellen vereinzelte Zitate entnommen worden sind, die auch in diesen Quellen nur zitiert worden sind (z.b. andere Zitatensammlungen) ist es unmöglich an dieser Stelle ein vollständiges Quellenverzeichnis anzuführen. Sollten Sie in diesem Buch ein falsches Zitat entdeckt haben, oder Kenntnis davon haben, dass wir unbeabsichtigt Urheberrechte verletzt haben, nehmen Sie bitte Kontakt mit dem Herausgeber auf.

Besonders dankt der Herausgeber dem Deutschen Taschenbuch Verlag (DTV) für die Genehmigung aus folgenden Quellen zitieren zu dürfen:

Stephan Schuhmacher (Hg.): *Chinesische Weisheiten.*
© 2004 Deutscher Taschenbuchverlag, München

Khalil Gibran: *Der Traum des Propheten. Lebensweisheiten.*
Herausgegeben von Bettina Lemke.
Ins Deutsche übertragen von Giovanni und Ditte Bandini.
© 2004 Deutscher Taschenbuchverlag, München

Drukpa Rinpoche: *Tibetische Weisheiten.*
Herausgegeben von Jean-Paul Bourre.
Aus dem Französischen von Stephan Schuhmacher.

Es gibt Geschenke für Weihnachten.

Es gibt Geschenke für Geburtstage.

Es gibt Geschenke für Zwischendurch.

Es gibt Geschenke für bestimmte Anlässe.

Und es gibt Geschenke fürs Leben....

 Geschenke fürs Leben ...
www.lebensgeschenke-verlag.com

J. Reuben Silverbird

Mein Leben in zwei Welten

J. Reuben Silverbird
ISBN: 978-3-902689-11-5

J. Reuben Silverbird erzählt seine sehr persönliche Geschichte und gewährt einen einmaligen Einblick in das Leben eines Nedni Apache/ Cherokee (Original Native of America). Seine faszinierenden und lebendigen Erinnerungen verbinden sich mit inspirierender Weisheit. Er behandelt Themen wie den Genozid an seinem Volk, Glauben, Mythen und Spiritualität seines Volkes ebenso wie die Hoffnung für eine neue Ära der Politik in den USA – die Hindernisse, Herausforderungen und die Arbeit und Leistungen von Barack Obama als Präsident der Vereinigten Staaten. Seine Erzählungen über seine Eltern werden Sie berühren – Sie zum Lachen und Weinen bringen.

Lassen Sie sich von diesem Buch inspirieren!
Erhältlich im Buchhandel und auf www.lebensgeschenke-verlag.com

Markus Leyacker-Schatzl

Inspirationen

Markus Leyacker-Schatzl
Hardcover, 172 Seiten
Bildband mit zahlreichen Farbfotos
ISBN - 978-3-902689-04-7

Sehnen wir uns nicht alle nach Inspiration in unserem Leben?
In einer Zeit, in der Leben und Gesellschaft
immer schneller werden?
Einer Zeit, in der Konsum und Unterhaltung
oft oberflächlich und geistlos sind?
Wer oder was inspiriert uns heute wirklich noch?
Wie Lemminge laufen wir durchs Leben.
Die Tatsache, dass wir an unserer Seite viele bekannte Gesichtersehen,
gibt uns das Gefühl auf dem richtigen Weg zu sein, in die
richtige Richtung ...
Keine Inspirationen, keine Reflexionen,
... einfach nur laufen ...

Lassen Sie sich von diesem Buch inspirieren!
Erhältlich im Buchhandel und auf www.lebensgeschenke-verlag.com

Markus Leyacker-Schatzl

Die Tipps der Millionäre

Ihre persönliche Strategie zur finanziellen Freiheit

„Das Buch überzeugt und fasziniert!"
(Norbert Mehrl, Producer, www.mehrl.at)

*„Es gibt unzählige Finanzbücher am Markt -
dieses ist mit Abstand das Beste!"*
(Thomas Stradner, Mentaltrainer, www.stradner.co.at)

*„Das spannendste und beste
Finanzbuch das ich je gelesen habe!"*
(Mag. Sabine Hönig, Coach & Trainer, www.meta-sense.at)

Markus Leyacker-Schatzl, Finanzberater und Buchautor,
entwickelt gemeinsam mit Ihnen Ihre persönliche Strategie zu
finanzieller und innerer Freiheit. Er präsentiert Ihnen in diesem Buch
die wichtigsten 13 Tipps der Millionäre, die Essenz der Strategien
der Reichen, und zeigt Ihnen wie einfach Sie diese
in Ihrem Leben umsetzen können.

Egal, wo Sie finanziell gerade stehen. Lesen und staunen Sie
in diesem Buch, wie einfach und leicht nachvollziehbar die scheinbaren
Geheimnisse der Finanzwelt sind. Nehmen Sie Ihr Geldleben in die Hand
und lernen Sie, wie Sie der Meister Ihrer Finanzen werden und so für
sich und Ihre Familie das Fundament für finanziellen Wohlstand,
wahres Glück und innere Freiheit legen.

Nähere Infos und Bestellmöglichkeiten:
www.finanzbuch.at

Mag. Gerhard Hetzl

MENTAL-IN statt BURN-OUT

Mag. Gerhard Hetzl
ISBN: 978-3-902689-16-0

Die Zahl der von Burnout Betroffenen steigt unaufhaltsam.
Laut Studien gehören 2/3 der Bevölkerung, unabhängig von
Alter, Geschlecht und sozialer Stellung, zum betroffenen bzw.
gefährdeten Personenkreis Dieses Buch beschäftigt sich mit den
Ursachen und Hintergründen von Burnout und blickt hinter
die Fassade dieses vieldiskutierten Phänomens.

Was Sie tun können, um Burnout zu entgehen oder es zu
überwinden, wird darin ausführlich beschrieben.
Dazu gehört die Aufforderung, Ihr wahres Selbst zu entdecken
und dies in den Mittelpunkt Ihres Lebens zu stellen.

Lassen Sie sich von diesem Buch inspirieren!
Erhältlich im Buchhandel und auf www.lebensgeschenke-verlag.com

PAWS IN NEED ORGANISATION

Give paws a chance!

EINE SPENDE KOSTET NICHT DIE WELT, SCHENKT ABER EINEM TIER EINE NEUE WELT!

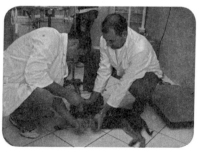

PINO

PAWS IN NEED ORGANISATION (TIERSCHUTZVEREIN)

TEL: +43/(0)699-10540339 · FAX: ++43/(0)316/694480,

E-MAIL: OFFICE@P-I-N-O.AT · WWW.P-I-N-O.AT

BAWAG-PSK, KONTO-NR.: 510070461, BLZ: 60.000

IBAN: AT286000000510070461, BIC: OPSKATWW